Robert Holzschuh
Das verlorene Paradies Ludwigs II.

SERIE

PIPER

Zu diesem Buch

Ludwig II. – um kaum eine andere Figur auf dem Königs-thron ranken sich so viele Legenden und Mythen. Lange Zeit hielt man die geheimen Briefe, die der König zwischen 1884 und 1886 an seinen engsten Vertrauten Karl Hesselschwerdt schrieb, für verschollen. Doch dieser widersetzte sich der Or-der des Königs, die Blätter zu vernichten. Erst 1999 gelangten diese bisher unveröffentlichten Briefe Ludwigs II. auf eine Auktion, wo Robert Holzschuh sie ersteigerte. Sie gewähren einen Einblick in die Tragödie des sagenumwobenen Mär-chenkönigs, denn sie stammen aus den Jahren, in denen sich der finanzielle und politische Untergang seines Königtums vollzog: Die Kulissen seines Hofstaats verschlangen Millio-nen, doch Ludwig baute weiter an seinen Traumschlössern. Schon frühzeitig hatte er seine Verlobung mit Herzogin Sophie aufgekündigt. Bei den damaligen Zeitumständen führten ihn seine homoerotischen Neigungen in die Verein-samung und Isolierung. Seine persönliche Katastrophe am Lebensende war unausweichlich. Sensibel und kenntnisreich präsentiert Robert Holzschuh das erschütternde Zeugnis eines Niedergangs.

Robert Holzschuh, geboren 1940, promovierte in den Staats-wissenschaften und lebt heute als Steuerberater und Wirt-schaftsprüfer in Aschaffenburg. Er ist ein intimer Kenner der Geschichte der Wittelsbacher und Habsburger und veröffent-lichte außerdem das Sisi-Buch »Die letzte Griechin. Kaiserin Elisabeth auf Korfu«.

Robert Holzschuh
Das verlorene Paradies Ludwigs II.

Die persönliche Tragödie des Märchenkönigs

Mit 27 unveröffentlichten Briefen des Königs

Piper München Zürich

Ungekürzte, aktualisierte Taschenbuchausgabe
Piper Verlag GmbH, München
Juni 2003
© 2001 Eichborn AG, Frankfurt am Main
Umschlag/Bildredaktion: Büro Hamburg
Isabel Bünermann, Julia Martinez/
Charlotte Wippermann, Kathrin Hilse
Umschlagabbildung: Ferd. Leeke (»König Ludwig II. von
Bayern auf dem Söller von Schloß Neuschwanstein«, um 1887,
Herrenchiemsee, Ludwig II.-Museum; akg, Berlin)
Gesamtherstellung: Clausen & Bosse, Leck
Printed in Germany   ISBN 3-492-23681-2

www.piper.de

Inhalt

Vorbemerkung:
Ein bayerisches Trauma 7

Die Freundschaften
eines Einsamen
  Verlobt mit Sophie Charlotte 13
  Verliebt in Richard Hornig 27
  Neue Freunde 39
  Seltsame Gesellschaften 45
  Abgründe 47
  Gnade und Ungnade 65

Auf dem Weg zum
königlichen Offenbarungseid 73

Die Königskatastrophe 1886
  Bankrott 107
  Niedergang 120

Anhang
  Zu den Briefen Ludwigs II. 135
  Zur Transkription der Originaltexte 141
  Anmerkungen 142
  Literaturverzeichnis 166
  Karte 169
  Stationen im Leben Ludwigs II. 170
  Personenregister 172

Vorbemerkung:
Ein bayerisches Trauma

Es ist nicht daran gedacht, die alten Legendentraditionen zu pflegen und den bereits existierenden eine weitere Hagiographie hinzuzufügen, wenn in diesem Buch, zusammen mit anderem Material, erstmals 27 jüngst wiederaufgetauchte Briefe Ludwigs II. veröffentlicht werden, die aus den letzten Lebensjahren des Königs stammen und die er, auf der verzweifelten Suche sowohl nach Geld als auch nach jungen Männern, an seinen Vertrauten Karl Hesselschwerdt richtete. Der Marstallfourier Hesselschwerdt war wie kein anderer in das Privatleben des Königs eingeweiht, in seine finanziellen Sorgen genauso wie in seine intimen sexuellen Nöte. Er mußte sowohl die weltfremden Aufträge zur Kreditbeschaffung als auch die heiklen Ordres erledigen, die Ludwigs sexuelle Sehnsüchte zum Inhalt hatten. Außerdem war er der Vollstrecker der despotischen, manchmal geradezu mittelalterlich anmutenden Verdikte, Verdammungen und Züchtigungen, die der herrische und oft auch unbeherrschte Monarch seinen Untergebenen angedeihen ließ.

Man hat bisher oft eingewendet, daß die merkwürdigen Geschichten über Ludwigs Günstlings- und Mißwirtschaft von abgefallenen Favoriten des Königs in die Welt gesetzt worden seien – von unglaubwürdigen und lügenhaften Dienern, die bei ihm lange Zeit in hohen Gnaden standen und sich dafür rächen wollten, daß sie den königlichen Hof im Stande der Ungnade hatten verlassen müssen. Manche ihrer Zeugenaussagen klangen so unglaublich, daß es plausibel war, sie ins Reich der neidischen Phantasie zu verweisen. Auch die 1925 veröffentlichten, im Original später verbrannten Tagebücher Ludwigs wurden oft als Fälschung abgetan.

Doch die in diesem Buch präsentierten Briefe des Königs zeigen, daß die Aussagen der Diener in ihrem Kern nicht zu bezweifeln sind. Denn das Besondere dieser handschriftlichen Zeugnisse besteht gerade darin, daß sie unverstellt sind und der König sein inneres Wesen und seine Not, seine geheimsten Gedanken, seine Ängste und Leidenschaften unverfälscht und unbeeinflußt von irgend jemandem offenlegt, da er glauben konnte, daß diese Botschaften, die er vertraulich und auf geheimen Wegen an Karl Hesselschwerdt richtete, niemanden erreichen würden als diesen Freund. In fast jedem seiner Briefe hatte der König seinen Vertrauten beschworen: »Verbrenne dieses Blatt!« oder »Verbrenn natürlich stets das von Mir Geschriebene, sobald es beantwortet ist.« Aber Hesselschwerdt ignorierte diesen Wunsch: Die Briefe und Billetts, die er vom König erhielt, vernichtete er nicht. Um sich nicht selbst zu belasten, übergab er sie auch nicht der Staatskommission, die gegen den König ermittelte – und dies, obwohl er, nachdem er seinem König zwei Jahrzehnte gedient hatte, einige Monate vor dem Tod Ludwigs II. rechtzeitig in das Lager der Königsgegner überlief und im Entmündigungsverfahren am hemmungslosesten gegen seinen früheren Herrn aussagte. (Näheres zur Überlieferungsgeschichte der Briefe im Anhang, Seite 135.)

Die Briefe legen dunkle Schatten auf das Leben des Märchenkönigs, und es mag manchem als höchster Frevel erscheinen, wenn man die Dokumente über seine rätselhaften Verirrungen publiziert. Viele Gründe sprechen freilich dafür, sie – ohne irgendeine Kürzung und Zensur – zu veröffentlichen.

So stellt sich seit jeher die Frage, ob der König »nur« ein in eigenen Ideenwelten lebender Sonderling war oder aber im pathologischen Sinne verrückt. Sie wurde stets verbunden mit dem Hinweis auf die familiäre Vorbelastung: Sowohl Prinzessin Alexandra, seine Tante, als auch sein Bruder Otto fielen in geistige Umnachtung.

Die vorliegenden Königsbriefe zeigen in dieser Hinsicht zweierlei: Zum einen formuliert Ludwig II. seine Schreiben bis zu seinem Lebensende mit großer Klarheit und ohne jede Spur jener Zerstreutheit und Zerfahrenheit, die man ihm bei seiner Entmündigung vorwarf und die man seinerzeit als Zeugnisse formaler Denkstörungen wertete. (Erst in der Hektik der letzten Tage seines Lebens kommen, die heftigen Erregungen jener Zeit widerspiegelnd, kleine Fehler oder Auslassungen vor.) Er stellt seine außergewöhnlichen Pläne und Projekte stets so voller Deutlichkeit dar, daß man an den Irrsinn, den ihm seine Gutachter, ohne ihn persönlich untersucht zu haben, pauschal attestierten, nicht ohne weiteres glauben kann.

Andererseits wird deutlich, daß der König seinen persönlichen Neigungen – dem Weiterbau seiner Schlösser und der Suche nach homosexuellen Erlebnissen – in einer Weise Vorrang einräumte vor allem anderen, daß man sein Verhalten nach den Maßstäben einer rationalen Staatsführung nicht als zurechnungsfähig werten kann. Wo die Frage, ob das Königreich Bayern Teil des entstehenden, von Preußen dominierten deutschen Kaiserreichs werden soll, zweitrangig wird gegenüber der Finanzierung romantischer Märchenschlösser, sind selbst nach den nachgiebigeren Kriterien der Romantik Zweifel angebracht.

Trotz allem könnte man mit guten Gründen dagegen plädieren, daß Ludwig im formalen Sinne verrückt war. Jedem, der darin eine Ehrenerklärung und eine Entlastung des Königs sähe, muß allerdings sogleich erwidert werden, daß man ihn dann auch persönlich für die unglaublichen und jammervollen Zustände am königlichen Hof und für seine Straftaten verantwortlich machen muß.

Ludwig II. war der König der Künste. Er glaubte an sie und diente ihnen. Mit seinen Schlössern schuf er Wunder, die man auf dieser Erde bestaunen kann, die aber wie nicht von dieser Welt sind. Und über ihrem Bau vergaß er sträflich seine Pflichten gegenüber dem Staat und seinem Volk. Denn alles Reale hätte sein Handeln gestört und ihn daran erinnert, daß er versuchte, gleichzeitig in einem wundervollen Traum und in der bitteren Wirklichkeit zu leben. Dies wird aus den hier veröffentlichten Briefen überdeutlich.

Aus seiner Sicht war sein Handeln nicht einmal unvernünftig. Und subjektiv handelte er auch nicht illegal. Immerhin hatte er die Absicht, seine Bauten formal aus Privatmitteln und -krediten zu finanzieren. Allerdings ging er davon aus, sein Land werde im Ernstfall schon für seine privaten Schulden geradestehen. Dies war eine freche Erpressung und ein schnödes Kalkül.

Darüber hinaus betrachtete er in den späten Jahren seiner Herrschaft alle Steuereinnahmen und alle Geldvermögen der Welt, als würden sie ihm und seinen Bauten nur irrtümlich vorenthalten. Man hat ihm eine große Menschenkenntnis nachgesagt, doch offenbaren die Briefe auch seine grenzenlose Naivität und Weltfremdheit, wenn er – ständig nach neuen Krediten suchend – seine Höflinge und Lakaien zu den Fürsten und Bankiers in ganz Europa oder gar zum türkischen Sultan nach Konstantinopel, zum Schah von Persien oder zu einem indischen Maharadscha schickt.

Bedenkenlos setzte er Bedienstete und Ressourcen ein, die letztlich aus Steuermitteln finanziert waren, um seine privaten Ziele und Bedürfnisse zu verfolgen. Dies galt nicht nur für die Geldbeschaffung, sondern auch für das andere große Thema der hier veröffentlichten Briefe: die Suche nach immer neuen Lustknaben.

Vorsichtig sprach man in den bisherigen Überlieferungen von der Homophilie Ludwigs II., die »latent« gewesen sei – was immer das im einzelnen auch bedeuten mag. Andere Zeiten sind inzwischen angebrochen, unser Blick ist freier geworden, mancherlei Rücksichten sind nicht mehr zu nehmen, und ein neues Verständnis ist möglich. Die nun aufgefundenen Briefe legen vieles über seine homoerotischen Vorlieben und seine Beziehungen zu jungen Männern offen, so daß die Spekulationen über seine sexuelle Orientierung ein Ende nehmen können.

Und trotzdem bräuchte auch nach mehr als hundert Jahren das Sexualleben des Königs niemanden etwas anzugehen. Aber die Briefe enthüllen, wie er seine Stellung als König Bayerns ausnutzte, um sich den ihm anvertrauten Kammerdienern und Knechten zu nähern, die dort in jungen Jahren in einem Beruf angelernt wurden und die zu nichts anderem als zum Dienst in der königlichen Hofhaltung berufen worden waren. Unendlich ist die Liste jener jungen Lakaien und Knechte, denen er verführerische Avancen machte und von denen er sich in den letzten Jahren seines Lebens ein Abenteuer erhoffte – seien es nun Häusler, Hochleitner, Hornsteiner, Huber, Weber, Welker, Winther, Winzperger, Osterauer und Krumper, der Heizer Nagler und Niebler oder andere junge Männer, die nicht ohne weiteres zu identifizieren sind wie »der Engel«, »der Joseph« und »der Schanderl«.

Nicht alle folgten seinen sexuellen Wünschen, und viele quittierten ihren Dienst und brachen die Beziehungen zum König ab. Daher schickte Ludwig Kuppler in alle Welt, damit sie dort nach jungen Männern für ihn suchten: nach Innsbruck, Linz, Meran, Bozen und Weimar und nach Brüssel, Paris, Nizza und Neapel. Und als auch diese Reisen quer durch ganz Europa nicht zum Ziele führten, mußte der Kriegsminister des Königreichs ihm schutzbefohlene Soldaten, die in den Regimentern der leichten Kavallerie als Gefreite ihren Militärdienst ableisteten, an den königlichen Hof abkommandieren – zu Zwecken, von denen man bald auf den Kasernenhöfen und in den Wirtshäusern hinter der vorgehaltenen Hand sprach. Denn die hübschen Soldaten am königlichen Hof wurden nicht allein zu den gewöhnlichen Diensten als Kammerdiener und Stallknechte angelernt. Die Spatzen pfiffen es schon längst von den Dächern, wofür man sie an den merkwürdigen königlichen Hof in den Bergen rief …

Wenngleich wir viele gräßliche und peinliche Szenen nur widerwillig entschuldigen können, erwecken die Briefe doch auch Verständnis und Mitgefühl. Wie einsam und jammervoll das Leben des unglücklichen Märchenkönigs war, können wir nur erahnen. Wir haben es zu tun mit der Tragik eines homosexuellen Lebens, das zugleich »öffentlich« und versteckt war und das sich inmitten – nein: an der Spitze – einer Gesellschaft abspielte, von der Verständnis nicht zu erwarten war.

Die Freundschaften
eines Einsamen

Verlobt mit Sophie Charlotte

Am 10. März 1864 besteigt der achtzehnjährige Ludwig II. nach dem frühen, plötzlichen Tod seines Vaters Max II. den Thron Bayerns.

Voll Sorge schreibt damals Ludwig I. über seinen Enkel: »Armer Ludwig auch. Dessen Jugend hin ist, schon auf den Thron kommt, in welchem er keine Erfahrung haben kann, keine Geschäftskenntnis und das in welcher Zeit.«

Aber Ludwig II. ist zunächst der gefeierte König, den das Volk umjubelt und vergöttert und in den es die größten Hoffnungen setzt. Etwas Märchenhaftes hat der jugendliche Herrscher an sich. Wo immer er auftritt, rühmt man seinen Charme und den Zauber seiner Persönlichkeit. Die Zeitgenossen bewundern seine Schönheit und Liebenswürdigkeit; sie schwärmen von der hochgewachsenen schlanken Erscheinung, dem gelockten Haar und den dunklen großen Augen des jungen Königs – und so lebt er in der Erinnerung des bayerischen Volkes bis zum heutigen Tag weiter.

Sicherlich ist er auch in sich selbst verliebt – und in sein eigenes Geschlecht. Und während er den angebeteten Freunden gegenüber seine homophilen Sehnsüchte und homoerotischen Zuneigungen enthüllt, zeigt er sich der Frauenwelt, die ihn verehrt und umschwärmt, als der unberührbare und »jungfräuliche König«, der von der »Sinnlichkeit des weiblichen Geschlechts« nichts wissen will. Mancher verschmähten Schwärmerin mag es vorkommen, als wäre er nicht von dieser Welt.

Ludwig ist nicht ganz zwanzig Jahre alt, als er an Ludwig Freiherr von der Pfordten schreibt:

»Mein lieber Herr Staatsminister!

Nun bin ich wieder auf einige Tage im Gebirge; es gehört doch in der Tat zu den herrlichsten Genüssen, sich in Gottes freier Natur zu bewegen...

Sehr interessiert hat es mich, was Sie über die Frauen sprachen; seien Sie überzeugt, daß ich ihren Wert durchaus nicht unterschätze. Bei den meisten jungen Leuten mischt sich Sinnlichkeit in ihre Neigung zum andern Geschlecht, diese verdamme ich. – Da ich Gottlob davon nichts weiß, so ist, wie ich sicher glaube, meine Verehrung für die Reinheit der Frauen eine umso tiefer empfundene. –

Ich wollte, Sie kennten die Kaiserin von Rußland. – Diese bedeutende Frau machte auf mich den Eindruck einer Heiligen; die Glorie der Reinheit umstrahlt sie...

Fest nehme ich mir vor, mich im nächsten Winter ernsten Studien hinzugeben. – Der Geist darf nicht zügellos ins Blaue schweifen, in ein festes Bett muß er geleitet werden, erst dann kann er der Mitwelt nützlich werden.«

Ein Jahr zuvor hatte Ludwig II., der seit seiner Jugend von der phantastischen Traumwelt Richard Wagners schwärmt, den Komponisten persönlich kennengelernt. Es war der Anfang einer großen Freundschaft. »Heißgeliebter, Angebeteter« und »göttlicher Freund« – so beginnen die Briefe des Königs. Und der Künstler, der sich gefühlvoll und nicht weniger ekstatisch der romantisch-schwärmerischen Stimmung des jungen Königs anpaßt, bekennt es offen: »Er liebt mich und ich liebe ihn: unser Verhältnis ist gänzlich nur ein Liebesverhältnis.«

Zweimal am Tag wird er mit dem Wagen vom Landhaus Pellet nach Schloß Berg zum König geholt, der für ihn »Weib und Kind, Freund und Bruder« ist, und die latente Homoerotik ist nicht zu überhören, wenn Wagner, als wäre er unterwegs zu einem erotischen Abenteuer, berichtet: »Ich fliege dann immer wie zur Geliebten. Es ist ein hinreißender Umgang ... Und dann diese liebliche Sorge um mich, diese reizende Keuschheit des Herzens, jeder Miene, wenn er mir sein Glück versichert, mich zu besitzen: so sitzen wir oft stumm da, einer in den Anblick des anderen verloren.«

»Wundervoller König«, »Schöner Stern meines Lebens« oder »Mein schöner einzigster Ludwig«, schreibt Richard Wagner, der die homoerotischen Neigungen Ludwigs II. spürt und – in seinen Briefen wenigstens – mitspielt. Ahnungsvoll sorgt er sich um seinen königlichen Freund:

> »*Er ist leider so schön und geistvoll, seelenvoll und herrlich, daß ich fürchte, sein Leben müsse wie ein flüchtiger Göttertraum in dieser gemeinen Welt zerrinnen. Er liebt mich mit der Innigkeit und Glut der ersten Liebe: er kennt und weiß alles von mir und versteht mich wie meine Seele. Er will, ich soll immerdar bei ihm bleiben, arbeiten, ausruhen, meine Werke aufführen; ich soll die Nibelungen fertig machen, und er will sie aufführen, wie ich will.*«

Ludwig erzählt der jungen Herzogin Sophie Charlotte, seiner Cousine, von der er weiß, daß sie den großen Meister ebenfalls verehrt und vergöttert, von den Begegnungen mit dem neuen Freund und von der ewigen Liebe und Freundschaft, die er ihm schwor. Es beginnt ein intensiver Schriftwechsel zwischen Ludwig und Sophie, bei dem es fast immer um diesen heiligen und unauflöslichen Bund und die Wunder der Poesie und der Musik Wagners geht, und stets ist seine Cousine, die jüngste Tochter des Herzogs Max in Bayern und Schwester der österreichischen Kaiserin Elisabeth (»Sisi«), die treu teilnehmende, gleichgesinnte Seele – eines der wenigen Wesen auf der Welt, das ihn versteht. »Ihr Los«, so glaubt Ludwig, »hat eine gewisse Ähnlichkeit mit dem meinigen: Wir beide leben inmitten einer Umgebung, die uns nicht begreift und falsch beurteilt; wir leben wie auf einer Oase im Sandmeer der Wüste.«

Die herzogliche Familie, die schon bald bemerkt, wie oft Briefe zwischen Ludwig und Sophie gewechselt werden, kann sich nicht denken, daß man über die seltsame Musik Wagners eine solch große Korrespondenz führen kann, zumal Ludwig bisher als recht unmusikalisch galt. Daher glaubt man, zu anderen Erwartungen berechtigt zu sein: Es werde sich sicherlich um Liebe handeln. So sieht man sich veranlaßt, den König zur Rede zu stellen, ob er Heiratsabsichten hege.

Dazu sei er gar nicht aufgelegt, meint er. Als er freilich merkt, daß er mit dieser Auskunft riskiert, seine einzige Freundin, die verständnisvolle und seelenverwandte Kameradin, zu verlieren, läßt er sich am 22. Januar 1867 zu einem verhängnisvollen Schritt hinreißen. Überraschend und in tiefster Erregung, vielleicht auch aus Mitleid mit der unglücklichen Sophie, die an die wirkliche Liebe glaubte und die ihm schon mehrmals angedeutet hatte, sie werde nach einigen jüngst erlebten Enttäuschungen ins Kloster gehen, hält er um ihre Hand an.

»Willst Du«, fragt der König von Bayern, »meine Gattin werden? Genossin meines Thrones? Königin von Bayern?«

Schon bald danach allerdings entstehen Zweifel, ob es die wahre Liebe ist. Seiner Verlobten redet er zwar ein, sie würden glückliche und herrliche Zeiten erleben, »denn diese blühen Uns, das weiß ich, so viel ist gewiß. Wir werden recht glücklich zusammen werden, und Gott wird seinen Segen auf Uns ruhen lassen.« Aber schon im Mai des Jahres 1867 kursiert in München gerüchteweise das Ludwig-Zitat: »Ich habe mich übereilt.«

Und in der Tat: Um seine Verlobte Sophie kümmert sich der König wenig. Nicht der Mittelpunkt seines Lebens ist sie, sondern nur Zeugin seines Glücks, das er längst in seinem Freund Richard Wagner fand. Das einzige Band zwischen den beiden Verlobten ist die gemeinsame Schwärmerei für ihn. »Hauptinhalt Unseres Verkehrs«, so erklärt er später in einem Brief an Sophie sein Verhältnis zu ihr, »war stets, Du wirst es mir bezeugen, R. Wagners merkwürdiges ergreifendes Schicksal.«

»O geliebter Freund«, schreibt er ihm, »alles verdanke ich ja Ihnen, daß ich denke und fühle, froh und glücklich bin! O selig Wir Alle«, jubelt der König, »die Wir Zeitgenossen des Vollkommensten, des Heiligen sind, der als mächtig belebende Gottheit die Menschen befreit von den Schlacken der Endlichkeit!« Und bald wird er den »erhabenen göttlichen Freund«, den man aus München vertrieb, flehentlich bitten, zurückzukehren und in seiner Nähe zu wohnen: »O kommen Sie bald, treu und ewig Geliebter, machen Sie der Trennung ein Ende, auf immer ... o mein Gott, mein Erlöser komme!«

Indessen verspricht er der zwanzigjährigen Sophie herrliche und schreckliche Zeiten zugleich: Sie werde Königin von Bayern, aber bald leider auch – Witwe sein. Denn er werde seinem eigenen Leben ein Ende setzen, wenn der »Herrscher seines Daseins«, sein geliebter Freund Richard Wagner, das Zeitliche segne. Schon im Jahr zuvor hatte er von dieser seltsamen Todesweihe gesprochen, von diesem ewigen und unzerbrechlichen Treuebund, der ihm bis zu seinem letzten Lebenstag all die irdischen und gemeinen Dinge verklären soll:

> *Mit Seinem Lebensende naht auch meines heran. Sein Todestag ist auch der meine.*
>
> *Dies ist sicher; denn die Liebe zu Ihm, die der Quell meiner Wonnen und Leiden ist, ward in mir zum religiösen Cultus, ohne Ihn kann ich nicht leben. Diese Gewißheit erfahre ich mit jedem Tag aufs Neue. 10 Jahre, längstens 20 lebe ich noch; vielleicht auch kürzer; dann hinüber!*
>
> *Doch nun genug davon, die Zeit kommt ja früh genug heran … Die Stimme meines Innern gebietet mir das oder nichts; nichts bringt mich davon ab; es wäre Frevel!*
>
> *Da Du Teilnahme an meinem Schicksal mir so liebevoll zeigst, wollte ich Dir diesen Punkt auch mitteilen. Du wirst Dir denken können, wie seltsam feierlich mir zu Mute ist, seitdem ich mein Geschick so unauflöslich fest an das Seinige gebunden weiß.*
>
> *Sei mir gegrüßt aus tiefster Seele, liebe Sophie, immer Dein treuer Vetter Ludwig.«*

Auch wenige Tage vor ihrer Verlobung verzichtet er nicht darauf, Sophie Charlotte in die Abgründe seines Lebens schauen zu lassen – in jene Grenzerfahrung von Liebe und Tod, die er auskosten möchte. Nochmals bekräftigt er seine Todesweihe für Richard Wagner:

> *Du kennst das Wesen meines Geschicks, über meine Sendung auf Erden schrieb ich Dir einst von Berg aus, Du weißt, daß ich nicht viele Jahre mehr zu leben habe, daß ich diese Erde verlasse, wenn das Entsetzliche eintritt, wenn mein Stern nicht*

mehr strahlt, wenn er dahin ist, der treu geliebte Freund; ja,
dann ist auch meine Zeit aus, denn dann, dann darf ich nicht
mehr leben.«

»Alle Not soll von mir genommen werden«, hatte der verarmte und
verschuldete Wagner zu Beginn der Freundschaft geschrieben, »ich
soll haben, was ich brauche –: wenn er nur leben bleibt.« Und jetzt
schreibt Ludwig an Wagner, den damals mehr die Sorge umtrieb,
sein fürstlicher Mäzen könne vor ihm versterben: »Bis in den Tod
aber bleibe ich Ihnen treu, Herr meines Lebens; Sophie weiß es,
weiß, daß mit Ihrem Tode auch meine Lebensfrist verstrichen ist.«

Das Verhalten des Königs während seiner Verlobungszeit ist merkwürdig. Schon nach einer Stunde und ohne sich von Sophie zu ver-
abschieden verläßt er zur Verwunderung der 750 geladenen Gäste,
die nun Grund für alle möglichen Vermutungen haben, den Verlo-
bungsball im Ministerium des Äußeren, um noch zum letzten Akt
von »Maria Stuart« ins königliche Hoftheater zu eilen.

Sophie erfährt von ihm nicht die wahre Liebe. Man spricht davon, wie unglaublich naiv er in manchen Dingen sei; so glaubt er
vielleicht auch daran, Sophie werde sich mit dem Titel einer Königin von Bayern zufriedengeben, ohne daß der geschlossene Ehe-
bund wirklich vollzogen werde. Und nach einem jener seltsamen
und stillen Besuche, bei denen der Blick des Verlobten in die Leere
geht und seine Gedanken ganz woanders sind, fällt Sophie ihrer
Hofdame, der Baronin Sternbach, um den Hals und weint sich aus:
»Er liebt mich nicht, er spielt nur mit mir.«

Manches am König erscheint absonderlich und abstoßend. Obwohl
er selbst so überaus verletzlich und schnell beleidigt ist, glaubt er,
keine Rücksicht auf andere nehmen zu müssen. Als Sophies
Schwägerin verstirbt, an deren Krankenbett sie in den vorangegangenen Monaten den größten Teil ihrer Zeit verbracht hat, schreibt
er seiner Braut: »Grause Dich nur recht inmitten der gräßlichen
Leichendüfte, umgeben von einer weinenden Familie, ich fühle
mich recht behaglich in meiner schönen Wohnung.« Auf den Brief-
bogen malt der König, dem die Fähigkeit zu echter Trauer fehlt,

einen Grabhügel, gekrönt von Knochen, einem Kopf und einem Kreuz, und daneben zeichnet er, wie immer Sophie diese morbiden Sehnsüchte deuten mag, einen Totenschädel.

Er findet nicht die Worte der Zärtlichkeit. Seine Verlobte nennt er zwar Elsa – nach der herzoglichen Tochter aus Brabant, die sich in Lohengrin verliebte. Er selbst aber schlüpft lieber nicht in die Rolle des begehrenden Lohengrins, sondern zieht es vor, den neutralen und unverfänglichen Part des Königs Heinrich zu spielen. »Nun à Dieu«, ermuntert er Sophie, »sei guten Mutes, lies und singe viel und wenn Du einen freien Augenblick finden kannst, was mich innig freuen würde, so gedenke Deines getreuen Heinrichs.« Und darunter malt der König, der glaubt, seine junge Verlobte stets auch an den Tod erinnern zu müssen, wieder den Totenkopf über die gekreuzten Knochen und schärft es ihr ein: »Memento mori«. Für ihn scheint die Liebe in diesem Leben und in dieser Welt unmöglich – nur im Tod kann sie ihre Erfüllung finden.

Seit Sophie verlobt ist, hört sie auch von den Verwandten und Bekannten nicht nur Gutes und Wohlwollendes über Ludwig. Sie ist irritiert, denn man erzählt sich im Familienkreis absonderliche Geschichten über den König, der sich nur selten sehen läßt und der sich über fast jeden in der Familie erregt und empört: auch über seine eigene Mutter, deren Ratschläge und »niederdrückende Prosa« er nicht erträgt und deren Frömmelei er verabscheut. Er hat sich ihr so weit entfremdet, daß er sie nicht seine Mutter nennt – sie ist für ihn nur noch »die Mutter meines Bruders und die Witwe meines Vaters«.

Mit Entsetzen reagiert der König, als sich bei seinen Schwiegereltern Verwandtenbesuch einstellt – so auch eine Tante, die »pausbackige, unförmige« frühere Königin von Griechenland, »jene plumpe, sich in Alles mischende Nudel«, jenes »vierschrötige, tratschende Wesen«, von der Ludwig glaubt, die Verstimmungen von Sophies Mutter über ihn als den künftigen Schwiegersohn hätten ihre Ursache in diesem »Griechenweib«, diesem »verfluchten Lumpenvieh«. Und Ludwig, von dem viele denken, er sei so sensibel und empfindsam gewesen, schreibt über die garstige griechische Tante: »O welch eine Lust, sie abzustechen wie ein Huhn!«

»O gingen die Griechen!« klagt er. Aber bald schon sagt sich in Possenhofen bei Sophies Eltern der Erzherzog Ludwig Viktor an, der jüngste Bruder von Kaiser Franz Joseph. Er ist Junggeselle und wird es ewig bleiben. Später wird er auf Befehl seines kaiserlichen Bruders wegen homosexueller Verstrickungen den Hof in Wien verlassen müssen und in die Provinz nach Salzburg ziehen.

Ludwig Viktor ist recht lustig, humorvoll und unkompliziert – und dies sind Eigenschaften, die dem bayerischen König gänzlich fehlen. Er schreibt an seine Verlobte: »Gewiß hat Ludwig Viktor Euch inzwischen durch seine Späße recht ergötzt, wahrscheinlich lade ich ihn morgen zur Tafel.« Und am übernächsten Tag kann er Sophie melden: »Der mir höchst unsympathische Ludwig Viktor ward gestern glücklich abgespeist.«

Als aber der Erzherzog auch nach drei Wochen noch nicht nach Wien abreist, sondern sich immer noch bei der herzoglichen Familie in Bayern aufhält, glaubt der eifersüchtige König, seine Verlobte warnen zu müssen: »Wie lustig muß Ludwig Viktor sein, doch ist es die Frage, ob ein solcher Possenreißer und ein solch leichtsinniger Mensch (denn aufrichtig gesagt ist er beides) für die Dauer angenehm wäre.« Der König kann es immer noch nicht vergessen, daß sein kaiserlicher Cousin Ludwig Viktor aus Wien, der im Jahr zuvor bereits einmal auf Brautschau in Bayern war, nach dem Wunsch der herzoglichen Familie eigentlich mit Sophie hatte verheiratet werden sollen.

Während sich Ludwig II. in seiner stillen Feindschaft mehr um den unbedeutenden kleinen kaiserlichen Vetter aus Wien Sorgen macht, bleibt ihm das große Geheimnis Sophies verborgen. Er wird nie die Spuren finden oder einen Verdacht hegen: Sophie hat am 25. Januar 1867, wenige Tage nach der Verlobung, bei einem Phototermin im Münchener Atelier von Franz Hanfstaengl dessen Sohn Edgar kennengelernt und sich auf einen Flirt eingelassen.

Die beiden verliebten sich unsterblich: Der 25jährige Edgar hat Herz und Verstand; er ist ein attraktiver und begehrter Junggeselle mit blendendem Aussehen, mit natürlichen und ungekünstelten Manieren und dazu ein echter Münchner, gesegnet mit Humor und Lebensfreude. Den väterlichen Kunstbetrieb wird er im folgenden

Jahr übernehmen und zu einem der bedeutendsten Kunstverlage Europas ausbauen. Edgar Hanfstaengl kennt die Welt, er war längere Zeit in England und China, und seine Interessen sind nicht allein auf die Theaterwelt Richard Wagners beschränkt.

Im Juli fährt Ludwig zur Weltausstellung nach Paris; am Abend des 23. Juli, als er in Paris die Oper »Romeo und Julia« von Gounod besucht, schreibt Sophie ihrem geliebten Edgar:

»Teurer, liebster Freund.

Wie glücklich war ich, als mir N. heute Ihren Brief überreichte. (…)

Hoffnung gibt es keine für uns. Was bleibt uns – Entsagen. Mit Schauder blick ich in die Zukunft, der Tag meiner Trauung steht wie ein schwarzer Schatten vor meiner Seele, ich möchte entfliehen vor dem unbarmherzigen Schicksal! Warum mußte ich dich kennen lernen, nun da meine Freiheit in Fesseln geschlagen ist? –

Ich liebe dich so innigst, mein Edgar, wenn du bei mir bist, da kann ich es dir nicht so sagen, wie tief dein liebes Bild in meinem Herzen ruht, so tief, daß ich so schmählich alle Pflichten gegen meinen armen König vergaß! –

Bemühe ich Sie zu versichern, daß Ihre Zeilen wohl bewahrt werden, die Welt soll nie ahnen, was zwischen uns vorgeht, soll niemals lieblos über Sie urteilen. –

Leben Sie wohl! Leb wohl, mein Edgar – ich komme morgen auf wenige Stunden in Geschäften in die Stadt. Könntest du bis ½ 6 Uhr in das Palais kommen, bitte nicht früher, weil bis zu dieser Stunde Leute bei mir sind. Mit dem letzten Zuge fahre ich wieder hieher. Die Zeit ist wohl kurz bemessen, aber wir müssen damit zufrieden sein.

Deine S. C.

23. July 67.   Vergiß <u>mich nicht</u>.«

Die beiden treffen sich auf dem in der Nähe des Ammersees gelegenen Schloß Pähl der Familie Hanfstaengl oder im herzoglichen Palais an der Ludwigstraße in München. Sie können nur selten zusammenkommen und dann nur unter vielen Vorkehrungen, um die schwierigen und gefährlichen Treffen geheimzuhalten. »Sehen wir uns auch nicht so bald wieder«, schreibt sie ihm, »so vergeht doch kein Tag, der uns nicht in Gedanken vereint.« Als ihm jedoch wohl das verstohlene Versteckspielen und die ewige Geheimniskrämerei zuviel werden und er überraschend nach Coburg flieht, bittet sie Edgar inständig, recht bald nach München zurückzukehren:

> *»Mein teurer, lieber Freund.*
>
> *Mit schwerem Herzen richte ich diese Zeilen an Sie, denn alles, was mir Toni erzählte, hat mich namenlos betrübt. Warum liebster Edgar, haben Sie mein Benehmen so verkannt? Ist es nicht aus Liebe, daß ich meinen leidenschaftlichen Gefühlen Zwang antat? O Edgar, vor allem bitte ich Sie <u>inständig</u>, kommen Sie bald wieder zurück, jede Stunde bin ich bereit, Sie zu sehen – gewiß, wenn wir wieder beisammen sind, wird es besser werden. An meiner treuen Liebe dürfen Sie nie, nie zweifeln – ich habe in diesen Tagen unsagbar gelitten u. weder Toni noch Nathalie haben die leiseste Ahnung, wie es um mich steht. Schriftlich kann ich Ihnen nicht Alles sagen – ich habe das Herz so voll, als müßte es zerspringen. Ich kann nicht weiter! O Edgar, <u>warum</u> sind Sie heute fort, wo Sie mich <u>hier</u> wissen? Leben Sie wohl! Meine einzige Bitte ist, daß Sie baldigst zurückkehren u. wenn du mich <u>liebst,</u> sei ruhig u. vernünftig, bis wir uns wiedersehen.*
>
> *Ewig Ihre S. C.*
> <u>*Bitte einige Zeilen,*</u> *ich liebe dich so innig.«*

In ihrer aussichtslosen Lage verdammt Sophie die Verlobung mit dem König. Sie weiß, die Liebe einer bayerischen Herzogin zu einem bürgerlichen Photographen – und sei der Bräutigam noch so reich, charaktervoll und gescheit – wäre auch für ihren Vater, der sich einer demokratischen Denkweise befleißigt und sich gerne liberal und fortschrittlich gibt, eine höchst anstößige Beziehung.

Sophie ist durch ihre Familiengeschichte geprägt: Ihre Eltern durften ihre jeweilige Jugendliebe nicht heiraten und wurden Opfer einer unseligen Familienpolitik. Nun leben sie unglücklich verheiratet und ewig entfremdet nebeneinander her. Der junge Herzog Max, der in ein bürgerliches Mädchen verliebt gewesen war, mußte

in diesem Heiratsgeschäft, das der herzoglichen Linie die Gleich-
berechtigung bringen sollte, Ludovika aus der königlichen Linie
der Wittelsbacher zur Frau nehmen, während man es dieser ver-
wehrte, ihren Jugendfreund, den portugiesischen Prinzen Miguel
von Braganza, zu heiraten, dem sie ihr Leben lang nachtrauerte.

Ihrem Ehemann Max, nach seiner erzwungenen Heirat in viele
Liebschaften verwickelt, fiel es nicht ein, sich um das Familienle-
ben und um die Erziehung der Kinder zu kümmern. Und obgleich
er sich sonst mit seinen grotesken Einfällen, fern jeder Etikette,
keinen Deut um Konventionen und Traditionen kümmert und neben seinen acht ehelichen mehrere uneheliche Kinder hat, pocht
auch er als Oberhaupt der Familie auf die strikte Einhaltung der
Gesetze des herzoglichen Hauses, welche die standesgemäße Verheiratung der jungen Herzöge und Herzoginnen verlangen. Und da
sind nicht Liebe und Zuneigung und Gefühle gefragt, sondern neben Geld und Mitgift zuallererst ein fürstlicher Stammbaum mit
Namen aus der Hocharistokratie.

So weiß seine Tochter Sophie, daß die wundervolle Romanze,
die sie mit Edgar verbindet, nur in trostlosem und unsäglichem
Leid enden kann:

»*In welchem Zustand ich gestern hier ankam u. wie es mir bis
heute erging, kann ich dir nicht sagen, es ist ein trostloses Da-
sein. – so hoffnungslos so öd!! ...*

*Wir dürfen uns nun volle vier Wochen nicht sehen, es muß so
sein u. sollte mir das Herz darüber brechen, ich darf nicht daran
denken, wie diese lange Zeit dahin gehen soll. O bitte schreibe
mir, so oft es möglich ist – das ist das Einzige, was mich bei Ver-
nunft hält – du mußt es tun ...*

*Mir ist alles, was um mich herum geschieht, ganz gleichgültig,
mir fehlt das innere Glück, was kann da die Außenwelt geben?
Leb wohl, du mein Alles! O könnten meine heißen Tränen das
harte Schicksal erweichen, kann ich nie, nie mehr die deine werden! Ich möchte in deinen Armen – sterben u. mein Name sollte
verklingen – die Welt vergessen, daß eine bayerische Königs-
braut gelebt. Ich küsse dich tausendmal, vergiß mich nicht – O
wenn du wüßtest – – –!* S. C.«

Am 18. August kommt Herzogin Sophie Charlotte ihrer letzten offiziellen Repräsentationspflicht nach. Ludwig II. stellt sie in München dem französischen Kaiserpaar Napoleon III. und Eugénie als seine Braut vor.

Die Hoffnung, Edgar Hanfstaengl zu heiraten, hat sie schon längst aufgegeben. Sie findet sich damit ab und resigniert. Am 10. September schreibt sie ihrem Freund den wohl letzten Brief:

> *»Mein lieber Edgar!*
>
> *Vielen Dank für den lieben Brief, den ich mit ziemlich bangenden Gefühlen beantworte ... – hab ich nicht tausendfachen Grund etwas zu bereuen, was uns beiden unendlichen Kummer u. kein Glück brachte? Daß ich gestern nicht kommen konnte, war mir schrecklich leid, doch lieber als in großer Gesellschaft komme ich gar nicht ...*
>
> *Herzliches Lebewohl! – so Vieles hätte ich noch zu sagen – doch besser nicht. –*
>
> *Wenn ein Mensch meine Briefe fände – schauerlicher Gedanke. Tausend Grüße, Teurer Edgar, aus innig liebendem Herzen.*
>
> *C.*   *Possenhofen, 10. Sept. 67«*

Was hinter ihr liegt, ist eine große, unerfüllte Liebe, und was sie vor sich hat, sind schwere Depressionen und eine unglückliche Ehe mit dem Prinzen Ferdinand von Orléans, einem Enkel des französischen Königs Louis Philippe. Neben ihrem Ehemann wird sie einen Liebhaber finden: Dr. Glaser – wie seinerzeit Edgar Hanfstaengl aus einem bürgerlichen Haus stammend. Für die herzogliche Familie wird dies Anlaß genug sein, Sophie eine Zeitlang – bis ihr Wille gebrochen ist und sie zu ihrem Gatten zurückkehrt – zwangsweise in eine private Nervenanstalt des berühmten Professors Dr. Krafft-Ebing einzusperren, in der sonst Patienten interniert werden, die an sexuellen Abartigkeiten leiden. Als Schwester Marie Madeleine wird sie später dem Dritten Orden der Dominikaner beitreten. 1897 stirbt Sophie bei einer Wohltätigkeitsveranstaltung in Paris in den Flammen eines Brandes.

Ungeduldig wartet die herzogliche Familie im Sommer des Jahres 1867 auf die genaue Festsetzung des Hochzeitstags – ein Termin, den der König aus seinem Gedächtnis verdrängen will, den er unter mancherlei Vorwänden mehrmals verschiebt – und den er doch nicht ganz aufgibt. Man könne die Hochzeit, hofft er, ohne viel Lärm und Spektakel feiern, vielleicht in einer kleinen Kirche oder Kapelle am Starnberger See oder sonstwo.

Bald wird man argwöhnisch in Possenhofen und beobachtet mit Mißtrauen, wie unbehaglich sich der König in der Rolle des Bräutigams fühlt und wie wenig er von seiner Verlobten, die gerade ihren zwanzigsten Geburtstag gefeiert hat, wissen will. Man hat es genau gesehen und beobachtet: auf die Stirn küßt der König seine Verlobte, schickt ihr artige Geschenke, riesige prachtvolle Blumenbouquets und nichtssagende Briefe, und kommt nur sehr gelegentlich ins nahe gelegene Possenhofen.

Die Zweifel an der Liebe Ludwigs werden allgemein. Der Ton wird frostig und eisig. An die Vorbereitungen zur heranrückenden Hochzeit, die ihm Angst und Schrecken einjagt, möchte er nicht gern erinnert werden. Für längere Zeit fährt er nach Eisenach, plant auch eine sechswöchige Reise nach Italien, die dann angeblich aus politischen Gründen ausfallen muß, und reist schließlich inkognito unter dem bald entschlüsselten Decknamen eines Grafen von Berg zur Weltausstellung nach Paris.

Wenn er sich dann in Bayern aufhält, wählt der König mit Bedacht die weite Distanz zur Verlobten und zieht sich am liebsten mit einem Freund zur Berghütte auf den Hochkopf oder nach Hohenschwangau zurück, wo er wenige Wochen vor der angesetzten Hochzeit, fern der Verlobten, seinen 22. Geburtstag feiert.

Gewisse »physiognomische Veränderungen« am König bleiben Richard Wagner nicht verborgen, er bemerkt sein elendes Aussehen und ahnt, welche Unruhe und Bedrängnis den König bedrohen. »Blicken Sie tief, tief in Sich«, ruft er dem königlichen Freund zu, »und fragen Sie sich, ob Sie mir nichts zu sagen, nichts zu klagen haben. Sagen Sie, mein geliebtester Holder, mein trautester Freund, mein angebeteter Herr und Hort, – sagen Sie mir, was Sie beklemmt! Mir sagt es die innere Stimme, doch antworten kann ich ihr nur, wenn aus Ihnen sie zu mir dringt.«

In einem Brief an Cosima von Bülow wird Ludwig später im Jahr 1867 über jene unglückselige Zeit, in der eine Illusion zerrann, schreiben:

> *Ich kenne sie [Sophie] von Jugend auf, liebte sie stets als teure Verwandte, treu und innig, wie eine Schwester, schenkte ihr mein Vertrauen, meine Freundschaft; aber nicht die Liebe. Sie können sich denken, wie entsetzlich für mich der Gedanke war, den Vermählungstag nun immer näher und näher heranrücken zu sehen, erkennen zu müssen, daß dieser Bund weder für sie noch für mich glückbringend sein könnte und doch war es schwer, sogleich wieder zurückzugehen ... Schwarz und düster verhüllte sich mir die Zukunft ... Da galt es, das Ungewitter zu zerstreuen, das ich selbst über meinem Haupte heraufbeschworen hatte.*

Kurz vor dem Hochzeitstag kündigt der König das vage gewordene Verlobungsversprechen auf. Am 7. Oktober übergibt Karl Hesselschwerdt der verschmähten Braut den entscheidenden Brief. »Sophie abgeschrieben, das düstere Bild verweht; nach Freiheit dürstet mich, nach Aufleben von qualvollem Alp«, so beschreibt der König an diesem Tag seine Stimmung und das Gefühl der Erlösung nach der Höllenqual der überstandenen Verlobung. Lieber erträgt er die Peinlichkeit einer geplatzten Verlobung; genesen von einer sonst »lebenslänglichen Krankheit« und froh, »dem falschen Glück des Venusbergs« entronnen zu sein, atmet er auf: »Gott sei gedankt, nicht ging das Entsetzliche in Erfüllung!« und fügt hinzu: »Mein Hochzeitstag sollte heute sein.«

Wenig später sucht er in einem Schreiben an Richard Wagner Sophie – früher »die treue, teilnehmende Seele vollen Geists« – herabzusetzen: Nur äußerlich seien ihr Liebreiz und ihre Anmut. Elend und namenlos unglücklich wäre er durch Sophie geworden, da sie sein »Wesen nur oberflächlich zu beurteilen« verstehe und nicht die Tiefe besitze, die er von seiner künftigen Gattin verlange.

Aber das sind nicht die wahren Gründe für die Auflösung der Verlobung. Schon lange plagen ihn unendliche Zweifel, ob eine Freundschaft, der die Liebe fehlt, ausreiche, eine Ehe einzugehen.

Verliebt in Richard Hornig

»Nun ist es entschieden, was mich quälte«, schreibt der König, der weiß, daß er nicht heiraten kann, weil es seine Natur nicht zuläßt, nach diesem düsteren Traum an Cosima von Bülow, »und so ist es gut, ich bin wieder ruhig und heiter, der Friede, der aus mir geflohen war, ist wieder eingekehrt in meine Seele.« Er ist glückselig über die Freiheit, die er nach der Auflösung der unüberlegten Verlobung gewinnt.

Und er braucht diese Freiheit. Denn schon während der Zeit, als er noch mit Sophie verlobt war und Sophie in Edgar Hanfstaengl die große Liebe fand, hat sich auch Ludwig mit aller Macht und Ausschließlichkeit wirklich verliebt: Richard Hornig, der im königlichen Marstall als Zureiter dient, ist sein angebeteter Freund – ein netter, hübscher Mann, 26 Jahre alt, mit einem prächtigen schwarzen Bart, einer sportlichen Figur und mit angenehmen, fast möchte man sagen: vornehmen Manieren – zudem recht gebildet und stets mit einem freundlichen Lächeln auf dem Gesicht. Man sagt, er sei ein »Mann aus dem Volk mit dem klassischen Gesicht eines Antinous«, und vergleicht ihn so mit dem jungen Geliebten des römischen Kaisers Hadrian, der seinen aus der Provinz Bithynien stammenden unbekannten Freund als Gott verehren ließ.

Gern wird Ludwig später auf die glücklichen Stunden zurückblicken, als er damals »an jenem seligen 6ten Maitag« zum ersten Mal Richard Hornig traf und beide ihre ewige Freundschaft besiegelten und schworen, sich »nie mehr zu trennen und nie voneinander zu lassen bis zum Tode«.

Seit dieser Zeit stand er nicht mehr mit vollem Herzen zu seiner Verlobung, die ihn dann noch fünf Monate quälen sollte. Damals erkannte er seine Veranlagung – und war gefoltert von dem Gedanken, daß er von seinen homosexuellen Neigungen nicht loskommen würde und daß sein Interesse an Männern so groß sei wie die Gleichgültigkeit und Abneigung gegenüber dem anderen Geschlecht, das ihn eher verwirrte, wenn man einige wenige Ausnahmen macht und von seiner glühenden Bewunderung der Zarin Marie Alexandrowna und auch von der innigen Seelenverwandtschaft und der lebenslangen schwärmerischen Zuneigung zur Kaiserin Elisabeth von Österreich, der Schwester seiner Verlobten, absieht.

Es folgen Jahre der innigen Liebe und Freundschaft mit Richard Hornig – begleitet und bedrängt von schlimmen Schuldgefühlen. Denn zu seinem höchsten Gebot hat er es erklärt, und zahlreiche feierliche Dekrete, die er in seinen Tagebüchern an sich selbst richtet, verkünden es immer wieder, daß nur die platonische Liebe erlaubt ist:

> *»Au nom du Père, du Fils et du Saint Esprit!*
> *Ich liege im Zeichen des Kreuzes …, im Zeichen der Sonne …*
> *und des Mondes …*
> *Verflucht sei ich u. meine Ideale, wenn ich noch fallen sollte.*
> *Gott sei Dank, es ist nicht mehr möglich, denn es schützt mich*
> *Gottes heiliger Wille, des Königs erhabenes Wort:*
> *– nur psychische Liebe allein ist gestattet,*
> *die sinnliche dagegen verflucht …«*

Das Tagebuch war in der Tradition der Wittelsbacher nicht allein eine chronologische Beschreibung des täglichen Lebens, sondern auch ein geistliches Buch zur Gewissenserforschung. Er steckt sich ein hohes Ziel: Er will der angeblich einzig wahren Liebe folgen, der seelischen und geistigen Zuneigung – der die geschlechtliche Lust als erbärmlich gegenüberstehe, weil sie allein dem verachtenswerten erotischen Verlangen diene. Der König beschwört es verzweifelt: »Der sinnliche Reiz ist abgeschafft, hat aufgehört als Genuß zu bestehen!«

Welche Gründe veranlassen den König, nach dem Ideal dieser übersinnlichen Liebe zu streben? Zunächst ist es die strenge religiöse Erziehung durch seine Lehrer und Beichtväter, die ihn mit den Wechselbädern von Liebesgaben und Liebesentzug in tiefe Verwirrung stürzen. Mit puritanischer Strenge und Prüderie verpflichten sie ihn auf die Ideale der vollkommenen Reinheit und

Keuschheit und verdammen alles, was auch nur einen Schritt darüber hinausgeht, als die schwerste und schlimmste Sünde. Zudem ist bei den Zeitgenossen auf ein Verständnis für homosexuelle Neigungen ohnehin nicht zu zählen.

Als Ludwig im jugendlichen Alter das Werk Richard Wagners kennenlernt, findet er in der mittelalterlichen Sagenwelt der Tannhäuserdichtung die christlichen Tugendbilder und frommen Ideale der seelischen Liebe wieder, wie sie ihn seine geistlichen Erzieher lehrten. Im Alter von fünfzehn Jahren sieht Ludwig seine erste Oper: »Tannhäuser« – und sie wird dem jungen Kronprinzen zur liebsten. Und je weiter er sich in die Welt Wagners vertieft, seines göttlichen Freundes, »durch den einzig Heil und wahrer Segen der Welt erblüht«, und dem damit nichts Geringeres aufgetragen ist als die Rettung der Menschheit, um so eher glaubt er in der heiligen, reinen Religion des Meisters, die ihm zur Offenbarung wird, auch das einzig wahre Heil und die wirkliche Erlösung zu finden – mehr als in »dem so oft nichts sagenden, nichts bedenkenden Gottesdienste in den Tempeln, in denen so selten wahrhaft der göttliche Geist waltet«.

Die übermächtigen Riten Richard Wagners, in denen er seine idealen und schwärmerisch geliebten Identifikationsfiguren wiederfindet und die sein Leben bestimmen werden, fesseln ihn fester als der alte überkommene Kult der Kirche, der er sich mehr und mehr entfremden und bald kühl und distanziert gegenüberstehen wird.

Entsprechend den hehren Vorstellungen, die er an sein Herrscherideal knüpft, will er sich den Pflichten und der Verantwortung unterwerfen, die ihm das wahre Königtum auferlegt. Und überhaupt steht das Vorbild der vollkommenen und reinen, der unerreichbaren Liebe – ausgedrückt in den Worten und in der Musik seines Freundes Wagner – im Einklang mit seiner schwärmerischen Veranlagung und Begeisterung, die stets enthusiastisch nach dem Höchsten strebt und sich nach dem Unfaßbaren und Unendlichen sehnt. Da er überall das Große und Mächtigste und Schönste sucht und nur die erhabensten Ideale als echt und wahr anerkennt, redet er sich ein, er verdiene die durch die Gnade Gottes verliehene

Macht und Würde nur dann, wenn er den hehren, heiligen Idealen in unbedingter Weise folge. Daher treffe ihn auch zu Recht die schmerzliche Strafe, die er sich zu seiner Selbstdisziplinierung auferlegt: »Noch ein Streifen an jenen Fall und verwirkt ist das Recht auf die Krone und den Königs-Thron.«

Zu sich selbst will er maßlos streng sein. Alles, was mit seinem Ideal der makellosen Reinheit nicht vollkommen übereinstimmt, verflucht er als entsetzliche Sünde. Er ist ein psychopathischer Fall. Seine Tagebücher spiegeln bittere Schuldgefühle, dunkle Wünsche und Angstphantasien. Wenn er von den vielen – und wenig glücklichen – Liebesgeschichten und von jenen »traurigen, tief zu beklagenden Stunden« spricht, meint er damit wohl alle erotischen und sexuellen Kontakte, die er in seinen Tagebüchern aufzählt: jene Küsse, Berührungen, Umarmungen und Aufregungen, bei denen nicht immer zu erkennen ist, wann die Grenze zwischen Freundschaft und Liebe überschritten ist.

Ängstlich hütet er seine Wunschträume. Seine Tagebücher enthüllen es, wie sehr der junge König, in das Korsett der überkommenen Konventionen eingeschnürt, unter seiner Veranlagung leidet. Zwei Wochen vor der Entlobung erläßt er in seinem Tagebuch an sich selbst das Gesetz vom 20. September 1867, auf das er sich in den kommenden Jahren immer wieder besinnt, das »bei Strafe des ewigen Verderbens, bei Verlust des allein beseligenden, wahrhaftigen Heiles« nie seine Gültigkeit verlieren darf und durch das er jedesmal »Kraft zum Widerstehen« gewinnen will:

»*Ludwig II. von Gottes Gnaden König von Bayern, Pfalzgraf bei Rhein, Herzog von Bayern, Franken und in Schwaben etc. etc.*

Wir schwören bei Allem, was Uns verehrungswert und Heilig, der in Uns waltenden Kraft nur mehr bei wahrer, drängender Notwendigkeit Folge leisten zu wollen!

Zur Bekräftigung dieses Heiligen Gelöbnisses und ausgesprochenen Königlichen Willens fügen Wir Unsere Eigenhändige Unterschrift bei und das königliche Siegel. –

Gegeben zu Berg am Tage, welcher den beiden nie zu verges-

senden Aufführungen des Tannhäuser die Hand reicht u. 8 Tage
vor der letzten des Lohengrin.

    Ludwig.«

Aber immer wieder strauchelt er, und er hat dafür auch allerlei Entschuldigungen: »Rückfall in den alten Fehler, einzig durch das nichtige eitle leere Wesen und hohles Getreibe des Faßnachtssonntages zu erklären«, rechtfertigt er sich, und die wenig später folgende Verfehlung war »durch das Schicksal bestimmt«. Und da im Februar »das Traurige« nun schon dreimal geschah, müssen die Bußtage folgen: »9 Tage und Nächte« ohne Regung und Kuß« – das sind für den König, der an die Macht der Magie und der Mysterien und an die Symbolik der Zahlen glaubt, die zu seiner Erlösung notwendigen »3 mal 3 in Heiligung hingebrachten Tage und Nächte«, welche die Stufenfolge zum königlichen Thron versinnbildlichen.

In seiner Freundschaft zu Richard Hornig will er allein der platonischen Liebe folgen. Doch »ich mußte fehlen, wehe mir«, so bekennt er aufs neue, »noch beseelte mich nicht die Heldenstärke, die lieben und entsagen lehrt«. Und da er fürchtet, er werde in seinem verzweifelten Kampf gegen die »widernatürlichen Neigungen« abermals unterliegen, weiß er sich nicht anders zu helfen, als daß er sein Gewissen durch »gnädig zugelassene« Ausnahmen zu überlisten versucht.

»Von nun an«, nimmt er sich vor, »ist der Lebenszweck Vereinigung der Idealität und der Wirklichkeit.« So legt er Ende Mai 1869 fest: Wenn »das Traurige« schon geschehen mußte und ein »nicht zu entschuldigender, tief beklagenswerter, schmerzlich zu bereuender Fall erfolgte«, sei bei jedem Monatswechsel – »wenn in der Nacht der neu anbrechende Monat dem scheidenden die Hand reicht« – eine Ausnahme vom Ideal der vollkommenen Reinheit gestattet. Doch schon im ersten Monat verstößt er gegen das selbstgeschaffene Gesetz und muß am 23. Juni eingestehen: »Nachts 7 Tage vor der bestimmten Zeit das gnädig Zugelassene vorgenommen«. Daher, so fährt er im Telegrammstil fort, darf es »vom 30. Juni auf 1. Juli nicht, erst wieder vom 31. Juli auf 1. August« geschehen. Und überhaupt wird bald eine neue Regel aufgestellt, wonach »von nun an den Begierden der Sinnlichkeit nur noch nachgegeben werden darf, wenn es unbedingt notwendig ist, aber niemals mehr um des reinen Vergnügens willen«.

Zu Beginn des Jahres 1870 erreicht den König eine Nachricht, die in ihm eine Welt zusammenbrechen läßt: Der Freund, sein über alle Maßen geliebter Richard, will im Mai heiraten. Wehmütig vertraut der König seinem Tagebuch an, es sei »Richards wonniger Tag«. Später bekennt Ludwig offen, Hornigs Verheiratung habe ihn schlimmer getroffen als das ganze Jahr 1870, in dem der ihm verhaßte und verdammte Krieg gegen Frankreich ausbrach.

Die Hochzeit seines Freundes ist für den König Anlaß zu neuen Gelöbnissen der Enthaltsamkeit, die in stetig sich wiederholenden Ritualen versprochen – und die bald von ihm und seinem Freund Richard gebrochen werden. Sein Gewissen sucht er durch allerlei Zauberformeln und Zahlenspielereien zu überlisten. Behutsam legt er zeitliche Grenzen fest: »Überhaupt keinenfalls vor dem 10. Februar, dann immer seltener, immer, immer seltener«, oder er versichert: »Während 3 Monaten Enthaltung jeglicher Aufregung. – Es ist nicht gestattet, sich mehr als 1½ Schritte zu nähern.«

Die feierlichen und unwiderruflichen Versprechen, Dekrete und Gelübde, die er mit moralischem Pathos verfaßt, nehmen kein Ende. So betet er wieder einmal die Unglückslitanei herunter: »Zum letztenmal berührt«, oder er legt ein neues Gelübde ab, das er – im Stil eines absolutistischen Fürsten – als königliches Dekret erläßt:

> *»De par le Roy*
> *Nicht mehr im Januar, nicht im Februar,*
> *überhaupt ist das Ganze so viel als nur irgend möglich*
> *abzugewöhnen; Mit Gottes und Königs Kraft! –*
> *Die Unmöglichkeit wirklichen Falles ist damit ausgesprochen. –«*

Im Juli 1871 erwartet Ludwig, der weiß, daß unter seiner Regentschaft Bayern die Souveränität verlor, eine »sehr störende und unangenehme« politische Angelegenheit: Der deutsche Kronprinz Friedrich Wilhelm von Preußen, Armeechef der bayerischen Truppen während des Krieges gegen Frankreich und künftiger Kaiser des Deutschen Reiches, das Ludwig II. gegen seinen inneren Willen mitbegründete, kommt nach München, und mit ihm im Triumphzug die aus Frankreich heimkehrenden siegreichen bayerischen Soldaten.

»Denke nur, Otto«, entschuldigt sich Ludwig, der verstanden hat, daß er nach diesem Krieg, der die Menschen verdorben hat, die Zeit nicht anhalten kann, bei seinem jüngeren Bruder, »aus politischen Gründen, gedrängt von allen Seiten, habe ich mich veranlaßt sehen müssen, zum Truppeneinzug den Kronprinzen einzuladen, was mich geradezu zur Verzweiflung bringt.«

Seiner früheren Erzieherin, der Baronin Leonrod, schüttet er sein Herz aus: »Viel fürchte ich von dem Einflusse der nun bald zurückkommenden Truppen, die jene verdammten preußen-freundlichen, deutschschwindlerischen Ideen im ohnehin schon angesteckten Volke noch mehr verbreiten werden.« Und in dem bald folgenden Brief klagt er der »lieben Frau von Leonrod«, »daß gerade der letzte Krieg, der in anderer Beziehung so ruhmvoll für Bayern endigte, mich und das Land in die eisernen Klammern des verdammten deutschen Reiches mit seiner preußischen Färbung einzuzwängen beitrug, der unselige, von vielen aber begeisterungsvoll geliebte Krieg!«

In der Tat: München ist im Freudentaumel. Auf einer Woge nationaler Begeisterung veranstaltet man am Abend des 17. Juli mit Pomp und viel vaterländischem Pathos im Glaspalast zu Ehren des gefeierten Kronprinzen und Feldherrn ein festliches Militärbankett – das glanzvollste, das die Residenzstadt erlebte. Da sagt der bayerische König, der noch am selben Nachmittag den königlichen Vetter aus Preußen auf die Roseninsel im Starnberger See führte, ohne daß irgend jemand ein Anzeichen von Krankheit erkannte, seinen Besuch »wegen Unwohlsein« ab. Abseits des gewaltigen patriotischen Trubels erwartet der König nachts um ½ 11 in der Grotte der Münchener Residenz und im Wintergarten, den sonst kaum ein Sterblicher betreten darf, seinen geliebten Freund, den seit einem Jahr vermählten Richard. Ludwig findet Trost: »Endlich wieder den angebeteten Freund nach langer Trennungsfrist wieder gesehen! Seliges Umfangen. – Beglückte Stunden, ..., treu bis in den Tod«.

Kaum sind die Freunde mit den Schwüren ewiger Treue auseinandergegangen, kommt es in der nun schon mehr als vier Jahre dauernden Beziehung, die wegen der Empfindlichkeit des Königs, aber auch wegen der gewagten sexuellen Verstrickungen seines verheirateten Freundes manchen Zweifeln und Skrupeln ausgesetzt ist, zu einem ernsten Zerwürfnis.

Der König, stets mißtrauisch, schmiedet einen Plan zur Disziplinierung seines Geliebten, er zieht die Fäden und inszeniert eine windige und subtile Strafaktion, nach deren Muster er in den nächsten fünfzehn Jahren oft vorgehen wird, wenn es gilt, einen Diener – und sei es auch sein intimster Vertrauter – die königliche Macht spüren zu lassen, und wenn er zeigen will, wer Herr und wer Knecht ist. Einen gewissen Z. – es ist der Stabskontrolleur und Küchenchef Friedrich Zanders – weiht er in seinen Plan ein:

»Lieber Z.!

Eine der traurigsten Erfahrungen meines Lebens mußte ich in den letzten Tagen z. Z. meines Aufenthaltes in München machen, eine Erfahrung, die mich mit tiefem Schmerz und zugleich mit gerechtem Zorn erfüllt. Bereiter Hornig, den ich mit Gnadenbezeugungen überhäufte, wie Niemanden, dem ich volles Vertrauen und sogar meine <u>Freundschaft</u> schenkte, eine Auszeichnung, die außer ihm keinem meiner Untertanen in solchem Maß zu Teil geworden ist, hat sich schändlich gegen mich benommen, so daß sein gleißnerischer, heuchlerischer Charakter in seiner ganzen Häßlichkeit sich enthüllt hat. Hinter seinem sanften, scheinbar so unschuldigen Wesen verbirgt sich die schändlichste Falschheit und Lügenhaftigkeit. Nicht etwa von einem seiner Feinde erhielt ich den Beweis, sondern von einem seiner besten Freunde, von dem Quartiermeister Krähl. Ich bin überzeugt, wie ein böser Traum wird Ihnen die Sache vorkommen und doch ist es vollste, traurigste Wirklichkeit! <u>Angelogen!</u> – hat mich der Elende, auf den ich bauen zu können wähnte wie auf Felsengrund. –

Es ist daher mein Wille, daß Sie bis auf weiteres seine Gesellschaft meiden, stets kalt, schroff, zurückhaltend ihm gegenüber sind. Andere brauchen davon nichts zu merken; auch er nichts von dieser meiner Willensmeinung zu erfahren. –

Noch will ich Gnade für Recht ergehen lassen, noch zögern, ihn für immer in Ungnade fallen zu lassen; vielleicht bereut er und bessert er sich; es sollte mich freuen um seinetwillen. Wenn nicht, dann wehe ihm, sein Leben lang! Nichts Scheußlicheres gibt es doch auf der Welt, als Lüge, Verstellung und Feigheit! –

Ich zweifle nicht, mein lieber Z ..., daß Sie genau nach meinen Intentionen in dieser Sache sich richten werden, denn ich kenne Ihre monarchische Gesinnung, Ihre Treue und Anhänglichkeit gegen mich; bauen Sie meinerseits stets auf mein ganz besonderes Wohlwollen und Vertrauen, das ich Ihnen nie entziehen werde. Indem ich hinzufüge, daß ich sehr erfreut bin, gehört zu haben, daß es heute mit Ihrer Gesundheit besser geht, sende ich Ihnen meine besten Grüße und verbleibe ich stets Ihr sehr geneigter König Ludwig.

den 6. November 1871. –«

Richard bittet – wie kalkuliert – schon recht bald um Vergebung. Nach seiner Rückkehr in die Residenzstadt im Januar 1872 jubelt der König: »Aussöhnung mit Richard, theurer Meiner Seele.« Die Disziplinierung ist gelungen, der König hat den Freund und auch den Diener wiedergewonnen, und Zanders darf – als wäre es nur ein Dressurakt gewesen – die gegen Richard Hornig verhängten Schikanen abbrechen:

»In Eile diese Zeilen! Bereiter Hornig fleht mich reuevoll um Verzeihung an, die ich ihm auch angedeihen ließ; er ist wieder der edle gute Richard, mit dem ich vor nun schon 4½ Jahren Freundschaft schloß; er fühlt wahre Reue und so will ich nicht ins Gericht mit ihm gehen, sondern wünschen, daß er sich bessere und lebe. Seien Sie daher ganz wie sonst ihm gegenüber.

Ich sende Ihnen meine besten Grüße.   Ludwig. –«

Richard Hornig hat die Zuneigung des Königs wiedergewonnen, und es folgen in den kommenden Jahren jene vom König erwünschten und dann stets bereuten Verfehlungen im Prunkgemach des Schlosses Linderhof oder in der blauen Grotte, seinem »Venusberg«. Manchmal sucht er mit dem Freund auch die nahe gelegenen Pavillons auf, den Maurischen Kiosk und das Marokkanische Haus oder die Hundinghütte, versteckt im Ammerwald, oder im strengsten Inkognito eine der einsamen und verschwiegenen Berghütten und königlichen Bergresidenzen zwischen Füssen und Lenggries oder jenseits der bayerischen Landesgrenze, auf Tiroler Gebiet gelegen, den Gasthof von Fernstein, wo er oft die Nächte verbringt und im ersten Stockwerk ständig zwei Zimmer als sein Absteigequartier angemietet hat.

Da Ludwig seine sexuellen Neigungen als Sünde verurteilt, will er den Wandel erzwingen und gelobt in seinen Gebeten stets wieder ewige Askese und Abstinenz. Und da er an die Kraft dieser ewigen Litaneien glaubt, verspricht und beteuert er – denn er ist in fast allen Dingen maßlos –, es werde die letzte Sünde sein: »der Lilien-Kuß, von Königslippen letzter«.

Am 21. Januar, dem Todestag König Ludwigs XVI., beichtet er die »allerletzte« Sünde. Denn an diesem Tag sei er, wie nach einem Fiebertraum, geheilt worden durch jenen Sühnungstod des »reinen und erhabenen« Bourbonenkönigs, auf den er seinen Taufnamen zurückführt, weil sein eigener Taufpate, sein Großvater Ludwig I., das Patenkind des französischen Königs war, der durch die Guillotine den Tod fand. Und durch diesen Tod sei er »gereinigt von allem Schlamm, ein reines Gefäß von Richards Liebe und Freundschaft«.

Immer wieder schwört er der lustvollen Liebe ab – im heiligen, reinen Zeichen der Lilien, den Symbolen der französischen Könige, die sich in Europa als die »allerchristlichsten Herrscher« gebärdeten und die am allerliederlichsten lebten und sich ihre Mätressen hielten. Im Namen dieser Könige, deren Ikonen er überall in seinen Schlössern zeigt, verspricht er: »Das *ganze* Jahr nicht mehr küssen. Aus der Lilie die Kraft gewonnen, allen Anfechtungen das ganze Jahr hindurch zu widerstehen.« Und als befürchte er, sich selbst mißzuverstehen, erläßt er im Namen der Bourbonenkönige, die den Platz seiner Götter eingenommen haben, das Dekret:

»Im Namen des Königs Ludwig XIV. und Königs Ludwig XV.
Es ist befohlen, daß man sich in der Nacht vom 14. zum 15. Ok-
tober 1872 zum letztenmal ... berührt hat ...
Gegeben in Hohenschwangau am 15. Oktober
im Gnadenjahr 1872, unserem neunten Regierungsjahr.

    Louis«

Das innige und vertraute Liebesverhältnis zu »dem edlen, guten«
Richard kühlt ab, zerbricht aber nicht ganz. Während bald neue
Günstlinge am königlichen Hof auftauchen, wird die Freundschaft
zwischen Ludwig II. und Richard Hornig etwas Außergewöhn-
liches und auch Rätselhaftes behalten. Eine unendlich lange Zeit
beugt sich Richard all den Launen seines Herrn – er bleibt der ge-
fügige, folgsame und getreue Freund des Königs. Manch andere
fürchten um ihren Einfluß – wie Fürst Hohenlohe-Schillingsfürst,
der spätere Reichskanzler, der die Beziehung voll Argwohn beobachtet: »Es ist schade, daß die Fähigkeiten so brach liegen und er
sich mehr und mehr auf die schlechte Gesellschaft des Bereiter
Hornig beschränkt.«

Niemand – außer Karl Hesselschwerdt – wird Ludwig II. so lange
dienen wie Richard Hornig. Der König faßt ihn nicht sanft an. Hornig – er ist inzwischen offiziell Stallmeister in der königlichen Hofhaltung – opfert seine Gesundheit und hat in dem schweren Dienst
den König, der die Tage durchschläft und die Nacht zum Tag
macht, bei Wind und Wetter auf all den nächtlichen Ritten und den
gefährlichen weiten Wagen- und Schlittenfahrten durch das Gebirge meist zu Pferd zu begleiten. Erschöpft und übermüdet wird er
dann am nächsten Tag die private und halboffizielle königliche
Korrespondenz bewältigen, die man vor dem Kabinetts- und dem
Hofsekretariat geheimhalten will.

Nach einer zermürbenden Amtszeit wird Richard Hornig, längst
glücklicher Familienvater, im Jahr 1885 aus dem königlichen
Dienst entlassen und an das Gestüt von Rohrenfeld in der Nähe
von Neuburg an der Donau versetzt. Er entflieht noch rechtzeitig
der Hölle des königlichen Hofes.

Als man ihn ein Jahr später vor die Untersuchungskommission

der Abgeordnetenkammer lädt, wird er zuallererst den juristisch beschlagenen früheren Kabinettssekretär Friedrich von Ziegler befragen, ob er sich mit einer Zeugenaussage nicht selbst belaste. Obgleich man ihm versichert, man werde die zu vereidigenden Zeugen nicht zum Sexualleben Ludwigs verhören, wird er mit gemischten Gefühlen gegen seinen König auftreten, bei dem er es achtzehn Jahre aushielt und dem er treu und tapfer auch dann noch diente, als im Land die skandalösen Zustände des königlichen Hofes schon längst bekannt waren.

Neue Freunde

Anfang des Jahres 1873 schreibt Ludwig es wieder in seinem Tagebuch nieder: er beschwört die hohe und reine Liebe und verdammt ihre sinnliche, sündige Schwester:

> *»YO EL REY,*
> *Gott sei Dank, es ist vorbei, kann <u>nicht wieder</u> eintreten. –*
> *<u>Amen</u>!!!*
> *Weder jetzt, noch in Zukunft, mein Königliches Wort*
> *zum Pfande. –«*

Doch bald bricht er den königlichen Schwur erneut und empfängt jubelnd den neuen jungen Freund: Lambert Freiherr von Varicourt, den er am 21. März zum ersten Mal traf und der sich schon nach zwei Tagen glücklich schätzen kann, zum Flügeladjutanten ernannt zu werden. »Heil dem Träger eines solchen Namens«, so begrüßt er den Freund mit dem »erhabenen magischen Namen«, denn Varicourt erinnert Ludwig II., welcher in alles Bourbonische vernarrt ist und der Geschichte dieser Dynastie bis in die letzte Verästelung nachspürt, an einen französischen Adligen namens Valincourt, der bei der Verteidigung der Tuilerien in Paris vor der Tür der Königin Marie Antoinette den Tod fand.

Es folgen Tage des Zusammenseins der beiden Freunde auf Schloß Berg am Starnberger See. Ende April schreibt Ludwig an Varicourt: »Heute sind es fünf Wochen, seit ich Sie kenne, ich danke dem Himmel, der Uns in Freundschaft verband! In meinem Herzen herrschen Sie als unumschränkter König, Ihnen wird es gehören bis zu seinem letzten Schlag.« Und für ihn würde er am liebsten sterben: »Oh, könnte sich dies ereignen bald, bald! Dieser Tod wäre mir erwünschter als alles, was die Erde mir zu bieten imstande ist.«

Wenig später gerät das königliche Wohlwollen für Varicourt, von dessen Persönlichkeit sich der König wohl eine zu hohe Meinung gebildet hatte, ins Schwanken. Ludwig II. und Varicourt – das war von Anfang an ein Mißverständnis. Das flüchtige Abenteuer nimmt ein Ende, nach dem Jubel kommt die jähe Ernüchterung – verloren ist die Gunst des Königs, der sich schnell zu langweilen beginnt.

Am königlichen Hof erscheinen neue Favoriten – und verschwinden bald wieder. In rascher Folge wechseln Gnade und Ungnade. Es ist in diesen kurzen Episoden stets dasselbe Spiel: Lernt der König einen jungen Mann kennen, dessen Äußeres ihn fasziniert, dann glaubt er ganz fest an die Aufrichtigkeit seines Lächelns, dichtet in seiner leicht entflammbaren Liebe dem neuen Freund, den er nur flüchtig kennt, ein vollkommenes Wesen an, wirft sich ihm in die Arme und schreibt ihm hymnische Briefe. Und kaum hat er in seinem Gefühlsüberschwang ewige Liebe und Treue bis in den Tod geschworen und in das Herz des Angebeteten geblickt, ist er schon mißtrauisch und entdeckt die ersten kleinen Fehler. Eine Unvorsichtigkeit oder eine flüchtig hingeworfene Bemerkung zu irgendeiner banalen und belanglosen Nebensächlichkeit brechen die innigste Freundschaft, und sie können der Anlaß sein für eine plötzliche und ewige Entfremdung von einem Freund, der sich, ohne jemals den wahren Grund zu erahnen, in allen möglichen Vermutungen verlieren kann, weshalb er von heute auf morgen keine Einladung mehr zum königlichen Hof erhält.

Das übertriebene Majestätsgefühl, die leichte Kränkbarkeit des Königs, der sich so schnell verletzt fühlt und selten zur Vergebung bereit ist, und seine theatralischen Attitüden, die er in feierlicher und gänzlich humorloser Weise jeden, auch seine nächsten Verwandten, spüren läßt, verhindern wahre Freundschaften. Maßlos überstürzt er alles, zweifelt schnell an der Ehrlichkeit des anderen, vermutet stets Falschheit, unterstellt Bosheit und Verdorbenheit, Heuchelei und Unaufrichtigkeit, und tief verletzt in seiner königlichen Würde verdammt er den Freund und bricht die nahe Beziehung zu ihm ab, den er verehrte und bewunderte, in dem er eine gleichgesinnte Seele zu finden glaubte und für den er vor kurzem noch »gerne den Tod erleiden« wollte.

Im Frühjahr 1880 erscheint jener Freund, den der König in seinem Tagebuch geheimnisvoll mit »Er« bezeichnet. Es handelt sich um

Anton Freiherr von Hirschberg. Am 17. Mai lernt der König ihn kennen und nach zwei Monaten bietet er ihm das vertrauliche »Du« an. Bald nennt er den auffallend schönen 27jährigen jungen Mann »mon ami idéal« und läßt ihm in seinen Berghäusern auf dem Schachen und auch in der Vorderriß ein eigenes Zimmer einrichten.

Das *Bayerische Vaterland* meldet im August 1880: »Vom Hofe werden demnächst wieder allerlei Veränderungen zu hören sein. Ein neuer Stern scheint dort plötzlich aufgegangen zu sein: Freiherr von Hirschberg, 3. Staatsanwalt und Landwehr-Unterleutnant. Er durfte die Jubiläumstage bei Seiner Majestät dem Könige auf dem Schachen zubringen und sich bereits vierzehn Tage über seinen Urlaub in der königlichen Gnade sonnen.«

Am 17. Mai des folgenden Jahres feiert der König, der fast nie einen Gedenktag vergißt, mit seinem Freund auf Schloß Berg den Jahrestag, an dem sie sich zum ersten Mal sahen. Artig bedankt sich der junge Freiherr bei seinem gütigen Freund, dem König:

> *»Es ist mir unmöglich, Dir mit Worten auch nur annähernd die Freude und Seligkeit zu schildern, die Du gütiger, heißgeliebter Freund und Gebieter mir durch die jüngst verlebten, mir so rasch dahingeschwundenen Tage bereitet hast. Niemals im Leben werde ich die herrliche Seefahrt und alle die anderen für mich wunderbar schönen Stunden vergessen, die ich in Deiner beseligenden Nähe verleben durfte.«*

Das ist brav geschrieben, freilich darf der Einwand gewagt werden: dem steifen und pedantischen Freiherrn, der eine Beamtenlaufbahn im Außenministerium erstrebte, fehlten wohl doch »die Flügel der Phantasie, um mit dem König Ausflüge in das Reich der Ideale zu unternehmen«.

Schon wenige Tage später, am Abend des 30. Mai, kommt in Linderhof ein neuer Freund an, auf den der König so große Hoffnungen setzt und den er in der »Blauen Grotte« empfängt. Es ist der am Anfang seiner steilen Karriere stehende 23jährige Schauspieler Josef Kainz, der vom König nicht nur mit Aufmerksamkeiten und

Geschenken bedacht, sondern auch mit Zuneigung verwöhnt wird, und dem dies alles verwirrend vorkommt. Der junge Kainz, der nicht glauben kann, daß er die königlichen Wohltaten allein der Gnade und dem Wohlwollen eines kunstsinnigen Fürsten verdanke, verweigert sich dem inszenierten Traum und flieht später an die Bühnen in Berlin und Wien. Hier wird Josef Kainz nicht wegen, sondern trotz des Königs von Bayern bald Triumphe feiern.

So verschwindet Josef Kainz aus dem Leben Ludwigs, wie vor ihm, wenn man von Richard Hornig absieht, all die anderen königlichen Favoriten, die vor unseren Augen vorbeiziehen – darunter etwa der Reitknecht Friedrich Völk und auch der Prinz Paul von Thurn und Taxis, die zu den ersten in der Reihe der Erkorenen gehören, welche die Gunst des Königs eroberten und mit denen er sich damals im Juni 1866, als der Krieg mit Preußen bedrohlich bevorstand, auf die Einsamkeit der Roseninsel im Starnberger See zurückzog, wo sie sich vergnügten und nachts Feuerwerke abbrannten und wo der König seine ratlosen Minister, die zu ihm wollten, nicht empfing.

Aber rasch hatten sich der Reitknecht und auch der Prinz aus dem reichen Regensburger Fürstenhaus das königliche Wohlwollen verscherzt, und bald wird auch niemand mehr von den anderen Freunden sprechen: vom Freiherrn von Varicourt oder vom Baron von Hirschberg oder von einem jungen Mann, dem im Tagebuch des Königs nur der Buchstabe »W.« zugedacht wird.

Nicht in allen Fällen wird man daran glauben können, daß es sich bei den Annäherungen des Königs an die Freunde, die er anschwärmte und mit denen er eher Gefühle als Gedanken auszutauschen suchte, allein um spirituelle Bünde der Freundschaft oder der Verbrüderung handelte, die sich im Bereich des Ideellen erschöpften. Und in den kommenden Jahren, in denen sein Leben sich verdunkelt und verdüstert und aus den Fugen gerät, wird er eine neue Welt betreten, über die sich schwarze Schatten legen, und er wird sicherlich den kleinen Schritt wagen und die Schwelle zwischen Eros und Sexus überschreiten, wenn er in ganz Europa nach jungen Männern suchen läßt, die er an seinem Hof in Bayern sehnlichst erwartet und bei denen er jene Art der Liebe und Zuneigung findet, die man damals nicht offen beim Namen nannte.

[»Lieber Karl!

Nachdem, wie du weißt, vor 2 Jahren ein französischer Arbeiter
hier war, so könnte in der großen Weltstadt Paris möglicherweise
auch ein Deutscher oder Österreicher sich aufhalten (wie Johann
war); vielleicht wäre es gut, Schmalholz auch einmal <u>dorthin</u> zu
schicken. Schreibe mir, ob du es nicht auch für ratsam hältst. Was
meinst du ferner wegen <u>Innsbruck</u>, <u>Meran</u> und <u>Bozen</u>? –

Viele Grüße. –   Ludwig

(Verbrenne dieses Blatt.)«]

Seltsame Gesellschaften

Die Lebensgewohnheiten des Königs sind merkwürdig geworden: Nur ganz selten bittet er Gäste zu sich. Hin und wieder inszeniert man auf sein Geheiß für die Diener und das Stallpersonal im Maurischen Kiosk neben dem Schloß Linderhof intime nächtliche Soupers oder man trifft sich in der Hundinghütte, einer einsam und versteckt im Wald gelegenen Blockhütte, zu Trinkgelagen, bei denen Lakaien und Stalljungen, altgermanischen Sitten folgend, auf Bärenfellen liegen und Methörner leeren. In den warmen und hellen Sommernächten auf dem Schachen bei Garmisch sieht man sie, kostümiert mit arabischen Trachten, auf Kissen und Teppichen liegend, in der exotischen Welt des Orients schwelgen, Sorbets und Mokka schlürfen und mit dem König von Bayern die türkische Wasserpfeife rauchen.

Gelegentlich wird in einem der königlichen Schlösser die Tafel, ohne daß irgend jemand eingeladen ist, für eine Reihe von Gästen gedeckt, damit der einsame König von Bayern die Geister der Vergangenheit beschwören kann. Diese imaginäre Tafelrunde ist ihm die liebste und angenehmste Gesellschaft. Aus einer fernen untergegangenen Welt kommt sie, sie verschwindet, wann er es wünscht und will, und während ein Hauch von Geschichte das Schloß durchweht, erweckt Ludwig die längst verklungene Zeit des Versailler Hofes zum Leben und unterhält sich mit seinem königlichen Freund Ludwig XIV., mit der am Schafott ermordeten »erhabenen und edlen« Königin Marie Antoinette und mit all den anderen Seelenverwandten aus dem bourbonischen Haus, als ob sie alle leibhaftig am Tisch des Königs von Bayern säßen.

Wenn er sich jedoch dem Zwang, eine wirkliche Hoftafel zu richten, nicht mehr entziehen kann, graut es ihm vor einem solch unerträglichen und schauderhaften »Unglück«, »als ginge es zum Schafott«. Viele Wochen vorher läßt er über alle möglichen Arrangements nachdenken, wie man die Unterhaltung bei Tisch erschweren oder gänzlich unterbinden könne. Es wird dann absichtlich die lauteste und lärmendste Musik befohlen, und es müssen an der Tafel um den Platz des Königs Blumengebinde, Dekorationen und plätschernde Springbrunnen mit rauschenden Fontänen aufgetürmt werden, hinter denen sich der König, der vor der unerträglichen Veranstaltung acht bis zehn Gläser Champagner trinkt, versteckt, so daß man ihn kaum sehen und sprechen kann. So manches Mal erscheinen dem König die Vorbereitungen ungenügend. Karl Hesselschwerdt, der auch für die Organisation am königlichen Hof zuständig ist, wird befohlen, nicht nur für den richtigen Ablauf des Tischgelages zu sorgen, sondern sich auch darum zu kümmern, daß der Zahnarzt Neggel, über den sich der König so oft empören mußte, vor dem großen Hofdiner doch endlich die königlichen Zähne in Ordnung bringen möge:

»... Teile Neggel mit, daß einiges mich beim Sprechen geniert und es nötig ist, daß er es gut richtet und zwar wirklich nicht nur verspricht. Ich will nicht in die Notwendigkeit versetzt werden, deshalb die Tafeln zu verschieben, aber es muß alles gut gerichtet werden.

Ludwig«

Um den König ist es einsam geworden. Josef Kainz war wohl der letzte jener geistig hochstehenden Freunde, die ihm gegenüber ebenbürtig auftraten, die ihn mit ihrem Können oder ihrer Bildung und Begabung beeindrucken konnten und die ihn alle – aus welchen Gründen auch immer – verließen. So markieren die Jahre 1881 und 1882 einen Wendepunkt in Ludwigs Privatleben. Von nun an wendet er sich Personen zu, die aus anderen Lebenskreisen kommen und die in ihrer Bildung und sozialen Stellung weit unter ihm stehen. Es ist eine entscheidende Zäsur. Er verläßt seine Lebensspur, und in dem neuen Zeitabschnitt wird er seine Freunde unter Kammerdienern, Lakaien, Reitburschen und Soldaten suchen. Er hat es recht leicht: Sie alle sind ihm von Amts wegen anvertraut und ausgeliefert, vom allmächtigen Günstling des Königs, Karl Hesselschwerdt, ausgewählt und dessen Kommando unterstellt.

Abgründe

Vom Postillon und Leibreitknecht war Karl Hesselschwerdt, der 1864 an den königlichen Hof kam, im Jahr 1880 zum Marstallfourier (und somit zum Unteroffizier) aufgestiegen, der für die Stallhaltung des Hofes zuständig ist. Während der noble und feinsinnige Richard Hornig mehr und mehr an Einfluß verliert, trotzdem aber weiterhin brav und loyal die schriftlichen Sekretariatsarbeiten erledigt, überträgt man Karl Hesselschwerdt über seine offiziellen Funktionen als Marstallfourier hinaus weitere Aufgaben: Hesselschwerdt – unbeholfen in Schreibsachen und von mäßiger Bildung – wird der Begleiter des Königs, Kurier, Reiseführer, Organisator und Haushofmeister in einem, und er wird mit all den privaten und intimen Aufträgen seines Königs betraut, die geheim und vertraulich bleiben sollen, die Grobheit und Raffinesse gleichermaßen erfordern und welche man lieber nicht über das Schreibsekretariat eines der höchsten Fürsten des deutschen Reiches leitet.

Hesselschwerdt – »nicht gerade die edelste Inkarnation des bayerischen Typus« – ist das Sprachrohr der Wünsche und Befehle seines königlichen Herrn: gerissen und intrigant, energisch, überaus gewandt und freundlich, zugleich vielseitig, diskret und durchtrieben – ein Tausendsassa. Er ist schlau und versteht es, dem König zu schmeicheln, ihn zu beschwatzen und ihn in seinen Phantasien zu bestärken oder, wenn all dies nicht hilft, ihn auf das frechste zu belügen.

Inzwischen spricht man allgemein von dem »Ministerium Hesselschwerdt«. Es kommt der Verdacht auf, daß er sich mit seiner Stellung als einfacher Offizier, der für das Pferdematerial und die Hofequipagen zu sorgen hat, nicht zufriedengibt, sondern größere und gefährliche Ambitionen verfolgen wird. Im Volksmund nennt man ihn spöttisch und verächtlich »den Reichskanzler«. Am königlichen Hof ist er allmächtig geworden – und man weiß, er ist ein Freund des Königs.

Er versteht es, sich unentbehrlich zu machen. So zählt es inzwischen zu seinen wichtigsten und auch heikelsten Missionen, junge

Lakaien für den König zu gewinnen; denn nach und nach werden die alten und älteren Marstall-Bediensteten vom königlichen Hof entfernt und durch junge Männer ersetzt, die das Gefallen des Königs finden können. Auf die Posten im persönlichen Dienst des Königs – im Kammerdienst und auch im Begleitdienst – werden, argwöhnisch beobachtet und bevorzugt vor den Bediensteten des übrigen Hofstaates, junge gutaussehende Burschen des Marstalls berufen: Diese sogenannten Marstaller und Hofstaller erhalten zur Vorbereitung auf ihre künftigen Aufgaben Unterricht in Anstand und Benehmen vom Hofballettmeister Franz Fenzl und Unterweisung in Aussprache, Diktion und Vortrag von den Hofschauspielern Häußer und Richter.

Viele Überlegungen erfordert es, passende junge Männer auszusuchen, die den nicht ganz unverfänglichen »strengen Vorschriften« des Königs entsprechen. Da am Hof schon viel zuviel über seine Wünsche und Begehrlichkeiten erzählt wird und bereits manche pikante Hofgerüchte nach außen dringen, schärft der König seinem Freund Karl strengstens ein, bei den bedenklichen Missionen unauffällig und vorsichtig vorzugehen, und vor allem soll er die vertraulichen Briefe des Königs, sobald er sie gelesen hat, verbrennen.

Niemand ist so gut in die intimen und sexuellen Vorlieben des Monarchen eingeweiht wie der »liebe Karl«. Der König hat vor seinem Marstallfourier keine Geheimnisse: Die jungen Männer, die er zu suchen hat, sollen einen prächtigen Bartwuchs haben, und auch der sonstige Haarwuchs muß stark sein. Hesselschwerdt und seine Voyeure haben sich unbemerkt ganz und gar davon zu überzeugen. Und dann hat Hesselschwerdt auch die anderen erotischen Details jener unerfahrenen Burschen auszukundschaften, in deren Leben Ludwig II. einbrechen will. In jedem Fall wünscht sich der König eine Photographie von dem ausersehenen jungen Mann, die, aus welchen Gründen auch immer, 500 Mark – das sind nach heutiger Kaufkraft ungefähr 5000 Euro – kosten darf:

»Lieber Karl!

Sorge dafür, daß A. Welker sich morgen noch photographieren läßt (ohne Aufsehen), gib ihm 500 Mark von mir, frage ihn, ob er Meiner gedenkt. –«

Und dann schreibt der König:

> *»Lieber Karl!*
> *Wenn Du den Welker über das Stehenlassen des Bartes sprichst,*
> *so tue es ganz von Dir aus.*
> *Verbrenne dieses Blatt.   Ludwig«*

In seiner tiefen Religiosität hatte sich der König einst ein Ideal erträumt: die geistige und platonische Liebe – das war, wie er es damals stets beschwor, die wahre und nichts als die wahre Liebe, und
allein diese reine und übersinnliche Liebe sollte die Voraussetzung
einer idealen Freundschaft sein. Und jetzt bricht der König mit seinen Vorlieben und Vorstellungen ungeniert und frivol alle Tabus
und verlangt, daß Hesselschwerdt als erstes die Größe und Schönheit der Geschlechtsteile der jungen Männer beschreibt und mit-
einander vergleicht und darüber Zeichnungen anfertigen läßt [vgl.
Faksimile Seite 50/51]:

> *»Rasch noch diese Zeilen, lieber Karl!*
> *Schon im April 82 kam Mir der Kunis* bei Joseph schöner und*
> *größer vor als er bei Krumper früher war. Du schriebst aber, er*
> *sei so wie er bei diesem gewesen ist. Du schriebst außerdem, er*
> *wäre bei Joseph etwas gewachsen. Ist das wahr, muß er ja viel se-*
> *henswerter sein als wie er bei Krumper war, nochmals also ge-*
> *nauere Meldung. –*
> *Sieh Dir auch Niebler ohne Aufsehen an. Wie ist der Heizer*
> *Nagler?*
> *Vorsicht stets!   Ludwig«*

Bald geht es neben Joseph und Krumper, Niebler und Nagler auch
um all die anderen Auserwählten: um Winther, Schanderl, Hochleitner und Balduin Winzperger, für die sein Interesse geweckt ist:

> *»... Mit Balduin befahl ich Dir, von Dir aus zu sprechen. Du*
> *meldetest, er würde mir ewig dankbar sein, wenn Ich ihn von der*

---

* Zur Schreibweise vgl. Anmerkung auf S. 148

[Wortlaut des Briefes vgl. Seite 49 Mitte]

Person befreie; das ist ja folglich <u>nicht</u> von Dir aus gesprochen worden. –

Ist der, den das Bild darstellt, aus München? Wie spricht er? Wo war er?

Der Wintersbengel hat reumütig und zerknirscht um Verzeihung zu flehen und zu versichern, daß er selbstverständlich alles tut, was befohlen ist.

Siedler soll jetzt wieder ein Pferd putzen, besorge es. – ...

Schau Dir Winther in München ohne Aufsehen an. –«

Der König wird ungeduldig. An genauen Informationen ist er stets interessiert:

»Es ist kaum möglich, daß in den 5 Wochen, in denen Ich dich nicht gesehen habe, dein Bart noch stärker geworden sein sollte. Genau will Ich es erfahren. –

Früher erfuhr ich, daß Schanderl einen starken Bartwuchs hat und sich oft rasieren müsse, sieh ihn dir auf unbemerkte Art <u>ganz</u> an, vielleicht ist auch sonst der Haarwuchs stark. Weihe natürlich <u>niemals</u> jemanden in diese Sache ein ...

Denkst du dann daran, hier nach Leuten nach Vorschrift zu suchen?   Ludwig

Verbrenn natürlich stets das von Mir Geschriebene, sobald es beantwortet ist ...«

— — —

»Lieber Karl!

Suche den Hochleitner auf <u>gute Art</u> wieder zu sehen und melde, ob die Haare gewachsen sind oder nicht. Wenn Schmalholz zurück ist und du ihn gesprochen hast, will ich es sogleich erfahren.

Verbrenne dieses Blatt. –   Ludwig.«

Balduin Winzperger hat das Glück, in der königlichen Hofhaltung als 1. Postillon angestellt zu werden. Wenn der König nachts im Fackelschein auf seiner goldfunkelnden Galakarosse oder dem prächtigen, prunkvollen Schlitten durch die entlegenen Gebirgstäler zwischen Garmisch und Falkenstein fährt, dann sprengt Winzperger, gekleidet in ein wundervolles rokokofarbenes Kostüm, an der Spitze dem königlichen Zug im höchsten Tempo voran. Er ist der »himmlische Balduin« – und von ihm, dem livrierten goldbetreßten Freund, schwärmt der König:

> *»Mein lieber Karl!*
>
> *Sage, sobald du Gelegenheit dazu hast, dem lieben Balduin, daß ich heute viel von ihm geträumt habe, daß ich sehr viel an ihn denke und große Sehnsucht habe, ihn wieder zu sehen; daß ich ihn am nächsten Sonntag zu sehen hoffe; wenn er Zeit hat, soll er sich in einem noch größeren Formate photographieren lassen; so bald als irgend möglich (allenfalls bei <u>Reitmayer</u>).*
>
> *Sei mit deinen Aufträgen recht vorsichtig. – <u>Verbrenne</u> dieses Blatt. –*
>
> *Viele Grüße.   Ludwig.«*

Mittlerweile bemüht sich der König noch um einen anderen jungen Burschen. »Sage ihm, dem Engel«, schreibt Ludwig an Hesselschwerdt, »wie sehr ich mich darauf freue, in Linderhofe Ihn wieder zu sehen. Haben Ihm die Bücher gefallen?–« Und auch um die weiteren Geschenke an den neuen Freund soll sich Hesselschwerdt kümmern:

> *»Auf gute Art soll der Engel das beifolgende Packerl von Mir erhalten. Teile ihm mit, daß Ich wünsche, daß er mit Johann Müller nicht viel umgeht und wenig in Gesellschaften geht und hoffe, daß er nicht aufhört, recht brav und gut wie immer zu bleiben ...*
>
> *In dem Paket, das erst der Engel öffnen darf, sind auch feine Hemdeneinsätze, von Sibeke und Van Hees. Bei <u>diesen</u> darf er sie nicht machen lassen, da es sonst auffallen würde, beim Machenlassen soll er überhaupt vorsichtig sein und dieselben auch nur selten tragen.*
>
> *Balduin ist ein neidischer Mensch, dies ist Mir bekannt; erkläre ihm, daß, wenn er fortfährt, neidisch zu sein und fortfährt es zu*

zeigen, er nicht bleiben kann und er in unwiederbringliche Un-
gnade fällt, was jetzt noch nicht der Fall ist; er solle sich aber hü-
ten, Meinen Unwillen hervorzurufen.

    14. Februar 84   Ludwig

Ich verlasse Mich darauf, daß die Aufträge für den Engel ihm
deutlich und gewissenhaft ausgerichtet werden.«

Es ist schon längst aufgefallen, wenn ein armer Höfling plötzlich
auffällige teure Hemden anzieht oder einen wertvollen Brillantring
am kleinen Finger trägt und an den Manschetten kostbare Knöpfe
mit Diamanten und weißblauen Edelsteinen. Kaum sind die Aufträge an Hesselschwerdt erteilt, kommen daher dem stets miß-
trauischen König Bedenken, ob das Versenden der Geschenke nicht
doch Aufsehen erregte und ob es nicht besser gewesen wäre, wenn
der Engel die Geschenke in den Geschäften selbst abgeholt hätte:

»Wenn Ich Mich nur <u>fest</u> darauf verlassen kann, daß durch das
Senden der Vögel, Bilder und Blumen kein Aufsehen gemacht
wurde; durch wen (?) wurde dies übersendet? –...
    Der Engel hätte auch in <u>Abteilungen</u> Möbel, Bilder, Blumen
zum Abholen bekommen können. Vorsicht ward <u>geboten,</u> Ich
will nicht hoffen, daß sie außer Acht gelassen wurde.

    Ludwig«

Früher, zu jener Zeit, als noch jede Liebe mit einem Blick begann,
schrieb der König Briefe, die von Zärtlichkeit und Innigkeit über-
strömten, und es ging ihm das Herz auf, wenn er einen angebeteten
und stets den teuersten Freund fand und für seine Schönheit und
Sinnlichkeit und Herzenswärme schwärmte. Inzwischen ist sein Leben zur Sprachlosigkeit erstarrt. Er überlegt sich in sprödem Kalkül genau, wie er sich einen neuen Günstling kaufen kann, der, für
kurze Zeit wenigstens, sein intimer Vertrauter sein darf.
    Auf eine sich zart anbahnende Liebesgeschichte, auf eine emp-
findsame Schwärmerei wartet der König, den man vergötterte und
verehrte und dessen jugendliche Schönheit einst die Welt betörte
und verwirrte, und den dann doch das Leben um das ersehnte

wahre Glück betrog, schon lange nicht mehr. Er hadert mit seinem Schicksal, denn zu oft sind die Freundschaften zerbrochen, fand er bei seinen Liebhabern nur für Augenblicke Trost; recht ungeduldig wird er nach den herben Enttäuschungen, und immer wieder versprach man ihm, der in seiner grenzenlosen Einsamkeit fast nie die wahre Liebe oder eine echte Freundschaft von Bestand erlebte, den neuen Freund. Seine Bitten und Wünsche nutzten nichts, seine Träume platzten, und so duldet er nach den vielen vergeblichen Versuchen und verpatzten Gelegenheiten keinen Aufschub, keine Ausrede mehr. Es ist jetzt sein Befehl an Hesselschwerdt:

> *»Verschaffe doch einen nach Vorschrift. Endlich! einmal! Wurde denn nicht darüber nachgedacht? Das Finden verlange Ich nach so vielen Versprechungen. – Wie steht es mit dem Bart? – (...)*
> *Sehr mißfiel es Mir, daß in der gestrigen Meldung gewagt wurde, jenen W. für den Stall vorzuschlagen!...*
> *Wie sieht Joseph jetzt aus? –«*

Während er älter wird und in die Jahre kommt, sucht der König stets neue Freunde, die nicht viel älter als 20 Jahre sein dürfen. Sein Verlangen wird nicht immer erwidert. Die jungen Männer, die am Hof ankommen und die daheim in ein Mädchen verliebt sind oder vielleicht eine junge Braut zu Hause haben, empfinden es als abstoßend und peinlich, wenn ihnen ein aufgeschwemmter, aufgedunsener, fetter König gegenübertritt, dem die Vorderzähne fehlen, vor dem sie erschrecken, dessen Parfümierung ihnen neu und befremdlich vorkommt und dessen Annäherungen und Verführungen ihnen ungewohnt erscheinen. Sie mögen sich über die gesucht hoheitsvolle Haltung und den merkwürdig gravitätischen Gang des Königs wundern, der mit weit ausholenden Schritten die langen, über den Boden stelzenden Beine emporschleudert und dann mächtig aufstampft, während er die Augen steil nach oben richtet und dann starr auf den Boden senkt und dabei den Kopf mechanisch und ruckweise hin und her wendet.

Zunächst hat man die königlichen Favoriten unter der Lakaienschaft und dem Stallpersonal rekrutiert. Da es die Kammerdiener und Knechte aber nicht allzu lange bei ihm aushalten, kommt man auf den Gedanken, junge Soldaten aus den Münchner Regimentern der Kavallerie anzufordern – die sogenannten Chevaulegers, die leichten Reiter, wie man damals in Bayern die Dragoner nannte. Sie werden zur Schloßwache an den königlichen Hof nach Neuschwanstein und Linderhof abkommandiert und, wenn sie dem König gefallen, in seinen persönlichen Dienst übernommen.

Niemand in den Ministerien getraut sich, dagegen einzuschreiten, obgleich es sich längst überall im Land herumgesprochen hat, warum man die jungen Chevaulegers in die königliche Hofhaltung schickt. Es sind unerfahrene, gutmütige Burschen, welche aus einfachen Verhältnissen kommen, meist aus bäuerlichen Gegenden stammen, oft halbe Kinder noch, die den Soldatendienst als Gefreite ableisten, die ehrfürchtig zu ihrem König aufschauen und nicht wissen, was sie erwartet. Nicht alle von ihnen fühlen sich wohl, wenn plötzlich die Distanz, die einen König von seinen Untergebenen trennt, aufgehoben wird und wenn sie mit Rubinen und Juwelen beschenkt werden – um ahnungslos in einen jähen Abgrund zu stürzen.

Am Johannistag zur Sommersonnenwende feiert der König in der Hundinghütte das Germanenfest, zu dem Stallmeister Hornig unter den Chevaulegers gutaussehende Soldaten aussucht, die als Germanen verkleidet altgermanische Tänze aufführen, welche man zuvor am Hoftheater einstudierte, oder die lebende Bilder darstellen und sich mit nicht immer harmlos endenden Spielen wie dem »Ringverstecken« oder mit »Schneider, leih mir deine Scher'« vergnügen. Und wenn dann endlich, wie man es berechnete, der vom Hofkoch Theodor Hirneis in den Met gemischte Arrak nach zwei Stunden seine volle Wirkung entfaltet, die Stimmung auf dem Trinkgelage ausgelassener wird und es hoch hergeht, ermuntert der König die Soldaten, die ihm am meisten gefallen, vor ihrem Tanz das letzte Kleidungsstück abzuwerfen.

Überall erzählt man es sich, auf den Kasernenhöfen und an den Stammtischen in den Wirtshäusern munkelt man hinter vorgehaltener Hand: Am königlichen Hof in München gibt es einen Mann, der Männer liebt und – es ist der König von Bayern. Die Details werden durch die Dienerschaften, berichtet der preußische Gesandte, »in der Stadt umhergetragen, und es kommen Geheimnisse über das Leben des Königs an den Tag, die bisher sorgfältig verschwiegen worden sind«.

Am königlichen Hof sieht man sich veranlaßt, vorsichtiger vorzugehen, um nicht noch weiteres Aufsehen zu erregen. In München und im übrigen Königreich wird man die Suche nach jungen Männern, die den Neigungen und Vorschriften des Königs entsprechen, einschränken und dafür Hesselschwerdt und den Hoffriseur Hoppe und andere fragwürdige Gestalten wie Götz und Schmalholz in alle Welt schicken, um Freunde für den einsamen König von Bayern anzuwerben.

Die königlichen Kuppler dürfen ihre Dienstreisen von nicht ganz unschuldiger Art in fremde und auch weniger erlauchte Kreise ausdehnen. Die Bahnen der Liebesboten werden immer weiter. Im königlichen Auftrag machen sich die Kuriere, von denen sich der König Hilfe und Wunder erhofft, auf den Weg durch halb Europa, durchstreifen Thüringen und Österreich und fahnden in Italien, Belgien und Frankreich nach jugendlichen Schönheiten, an denen der König von Bayern physisches Gefallen finden könnte.

Die Dämme brechen. Ludwig verlangt zuallererst eine Darstellung der unverhüllten Männlichkeit des auserkorenen neuen Freundes. Kurz und konkret ist der Befehl des Königs, der die Kriterien bestimmt, an Karl Hesselschwerdt:

»Lieber Karl!

Lasse dir durch Schmalholz nochmals den Kunis wie er bei jenem Menschen in Nizza war, explizieren u. schicke mir denselben aufgezeichnet.

Verbrenne dieses Blatt. – Ludwig.«

Wie auch die aus diesem Auftrag resultierende Zeichnung ausgesehen haben mag – die Suche nach deutschsprechenden Liebhabern, die sich im Ausland aufhalten, geht weiter. In seinem unendlichen Elend ist die Auswahl der in der Halbwelt unversehens aufgegriffenen Freunde des Königs für den Hof längst trostlos und jämmerlich geworden [vgl. Faksimile Seite 43/44]:

»Lieber Karl!

*Nachdem, wie du weißt, vor 2 Jahren ein französischer Arbeiter
hier war, so könnte in der großen Weltstadt Paris möglicherweise auch ein Deutscher oder Österreicher sich aufhalten (wie*

*Johann war); vielleicht wäre es gut, Schmalholz auch einmal
dorthin zu schicken. Schreibe mir, ob du es nicht auch für ratsam
hältst. Was meinst du ferner wegen Innsbruck, Meran und Bozen? –*

Viele Grüße. – Ludwig

(Verbrenne dieses Blatt.)«

Und als ob der König daran zweifelt, daß diese Vorschläge zum
Erfolg führen, gibt er schon neue Instruktionen zu weiteren Reisen:

»Lieber Karl!

*Sorge dafür, daß Schmalholz außer in Rudolstadt und Sonders-
hausen auch in Weimar wo möglich suche und dann nach Brüssel sich begebe. – Götz soll recht fleißig in Linz suchen und
in Neapel verhüten, daß es Spektakel gebe, er muß jenem
Mann Geld geben (keine allzu namhafte Summe – aber genü-
gend), damit er sich photographieren [bis hier vgl. Faksimile
Seite 60] lasse, etwa als wenn es für einen Maler oder sonst
wäre; geht es nicht in Neapel, dann in einer anderen italieni-
schen Stadt.*

Vorsicht ist dringend geboten. – Verbrenne dieses Blatt.

Viele Grüße Ludwig.«

Die vom König entsandten Kuppler kehren von ihren weiten Auslandsreisen zurück und erstatten Berichte, die ihn nicht zufrieden-
stellen und ihm nicht verheißen, was er sucht und sich ersehnt. Im
Herbst 1884, wenn er seinen Aufenthalt in Herrenchiemsee beendet hat, soll es daher sein »lieber Karl« nochmals versuchen, mit
einem neuerdings favorisierten jungen Mann besonders intim zu
werden und recht bald die lang ersehnte Photographie besorgen –
im November erwarte er dann den neuen Freund persönlich in Hohenschwangau [vgl. Faksimile Seite 62–64]:

Lieber Karl!

»Lieber Karl!

Du weißt, wie unglücklich es bis jetzt stets mit jenen (<u>nach Vor-</u><u>schrift</u>) gegangen ist und kannst Dir denken, daß ich ganz be-stimmt will, daß es diesmal geht.

Am besten wird es sein, wenn Du wieder hinreisest, nachdem ich von Chiemsee zurück bin, Du kannst also etwa am 9. Okto-ber fort. Wenn 14 Tage nicht genügen sollten, könntest Du noch 8 Tage länger dort bleiben.

Mache selbst einen Fußfall, dies und der Ring müssen ihre Wirkung tun; hoffentlich bist Du dann recht intim und bringst mir das Bild <u>sicher</u> mit. Das Original selbst könnte ich vielleicht dann im November in Hohenschwangau kennenlernen. Lasse nicht nach, bis Du das Bild hast. –

Viele Grüße, mein lieber Karl.

Ludwig.«

Lieber Karl!

Gnade und Ungnade

1884 erfährt der König zu seiner großen Enttäuschung: Winzperger, sein »himmlischer Balduin«, ist verheiratet. Er wird sofort entlassen. Einige Zeit später meldet er sich freilich wieder zurück und lügt dem König vor, er habe sich von seiner Frau scheiden lassen. So kann er wieder in den königlichen Dienst zurückkehren – bis der Lakai Hornsteiner den Betrug seines Kameraden Balduin verrät.

Eine solche Ergebenheit belohnt der König gern. Während andere Diener noch die Folgen der Schläge und Hiebe ihres höchsten Herrn auszuheilen haben, steigt der Denunziant Hornsteiner, der ein Riese und mit einer Körpergröße von 1,91 Meter fast so groß wie der König ist und aus diesem Grund vor allem die Krawatten Seiner Majestät binden darf, in der königlichen Gunst: Die höchste Ehre, die man sich am Hof vorstellen kann, wird dem Lakaien zuteil, denn er darf eine jener spektakulären und geheimnisumwitterten Separatvorstellungen besuchen, denen Ludwig sonst allein in der großen Mittelloge als Zuschauer beiwohnt. Die Aufführung im Königlichen Hof- und National-Theater in München am 9. November 1884, für die der Spielplan zunächst den »Parsifal« von Richard Wagner vorsah, wird eine der letzten Separatvorstellungen für Ludwig II. sein. An diesem Tag schreibt er an Karl Hesselschwerdt:

»In Eile diese paar Zeilen.
Der Mensch Stern hat jetzt nicht bei einem Stab zu erscheinen mit der Beule, verhindere dies – fort, wenn sie vorüber ist.
Vergiß nicht den Joseph, den Verwandten des Engels, baldigst kennenzulernen.
Sei freundlich mit Hornsteiner.
Mache es gut heute (Theater), sehr vorsichtig.

– – –

Dies hatte Ich geschrieben, als Ich zu meinem Ärger und höchst unangenehmen Überraschung erfahren mußte, daß »Parcival« nicht sein kann, da die Tochter des einen der Hauptsänger sehr erkrankt ist und er nach Berlin eilen mußte. Statt dessen ist »Die Stumme von Portici«. Um ihm (Hornsteiner) die Freude nicht zu verderben, ist es Mir recht, wenn er dieser Aufführung beiwohnt.

Sein Brief hat Mich sehr gefreut, herzlichst lasse Ich ihm danken, auch für sein Bild, das aber leider keine gute Photographie ist, nicht fein ausgeführt und nicht recht ähnlich. Es würde Mich sehr freuen, eine bessere zu erhalten und wenn er bald zu einem anderen und geschickteren Photographen ginge. Ich lasse ihn recht herzlich grüßen.

9. November morgens   Ludwig.

(Begierig bin Ich zu erfahren, wie Du das mit Balduin machst.)«

Die Freundschaft mit Hornsteiner geht schnell zu Ende. Wegen irgendeiner Nachlässigkeit oder Vergeßlichkeit fällt auch er in Ungnade, und der König befiehlt in seinem Zorn: »Verbannung nach Sibirien«.

»Majestät, das geht nicht«, wendet Hesselschwerdt ein, »aber wir können ihn in ein Verließ sperren«. So wird Hornsteiner in den Keller der Burg in Neuschwanstein gesperrt. Und jedes Mal, wenn Ludwig II. sich nach Hornsteiner erkundigt, versteht es Hesselschwerdt, der den Bestraften schon längst nach München abgeschoben hat, den Wünschen seines königlichen Herrn zu entsprechen und seine Weisungen dann doch nicht zu befolgen. Der arme Hornsteiner klage und er mache sich die bittersten Vorwürfe, meldet Hesselschwerdt seinem König. Da erbarmt sich Ludwig. Auf seinen Wutausbruch folgt Wohlwollen, und milde gestimmt erleichtert er ihm die Dunkelhaft durch Licht und nimmt ihn nach all dem überstandenen Ritual in Gnaden wieder auf.

Hesselschwerdt ist ein hemmungsloser Aufschneider, aber auch ein Meister der schönen Lügen. Allzu schwierigen Aufträgen weicht er aus – so, wenn er Kandidaten für Staatsämter finden muß, deren bisherige Inhaber er zuvor noch ins Ausland zu verschleppen oder auf andere Weise zu beseitigen hat. Es darf offenbleiben, ob er es aus Gesetzestreue unterläßt oder weil er die Unmöglichkeit der Tat erkennt. Letztlich ist er stets gescheit und klug genug, einen allzu abstrusen oder brisanten Befehl nicht zu befolgen. Er wird es einfach vergessen, den unliebsamen Finanzminister nach Amerika abzuschieben oder den Kabinettschef Ziegler durch zwei Banditen in Bozen ermorden zu lassen. Und er wird sich auch hüten, in Italien eine Bande anzuwerben und den Intimfeind des Königs, den deutschen Kronprinzen Friedrich Wilhelm, welchen der König wie keinen anderen seiner Zeitgenossen haßt, in Mentone gefangenzunehmen, um ihn in einer Höhle bei Wasser und Brot und in Ketten einzusperren.

Die Befehle Ludwigs II. sind despotisch. Fürst Hohenlohe-Schillingsfürst meint, der König von Bayern sei wie Caligula »herzlos, grausam und größentoll«. So könnte man, wenn der Märchenkönig von seinen Bediensteten die unmöglichsten Dinge verlangt und ihnen die schlimmsten Demütigungen auferlegt, darin das abnorme Verlangen erkennen, seine Diener zu quälen, sich an ihrem Schmerz zu weiden und mit dem Entsetzen einen bösen Scherz zu treiben.

Die Begriffe verschwimmen freilich, und unser Urteil darüber wird unsicher, denn ist eine Anordnung gar zu seltsam und grausam – so, wenn er verlangt, der Verurteilte müsse ausgepeitscht oder getötet oder seine Augen sollen ausgestochen werden –, sind Zweifel und Bedenken angebracht, ob er die drakonischen Strafen ernstlich anordnet. Wie so vieles von ihm, das nur theoretisch gemeint oder in seiner Phantasie empfunden ist, entspringen auch die Todesstrafen, die er verhängt, seiner Einbildungskraft.

So mancher seiner maßlosen Befehle ist nur leerer Theaterdonner, und viele der seltsamen Strafen und sadistischen Züchtigungen, die dem König in einer flüchtigen Laune oder in der Hitze und Aufregung eines Augenblicks einfallen, werden gemildert oder aufgehoben. Nicht wenige werden einwenden, möglicherweise wollte er keine wirkliche Gewalt ausüben, sondern nur die Allüren der Macht zeigen. Vielleicht wollte er auch nur seine Märchenwelt, in die ihm niemand folgen darf, durch ein solch merkwürdiges und jämmerliches Gehabe schützen.

Jedenfalls glauben Karl Hesselschwerdt und die Lakaien nicht immer an die Ernsthaftigkeit der verhängten Strafen, die aus dem finstersten Mittelalter stammen könnten. Sie kennen ihre Rechte und die Gesetze ihres Staates, die auch der König nicht brechen darf, und wissen, nur Richter dürfen im Königreich diese Strafen verhängen. Und so lassen sie viele dieser Befehle auf Umwegen und unmerklich an irgendeiner Stelle in der Hierarchie des königlichen Hofes versickern – und der König kommt nach einem schroffen Stimmungswechsel, wenn sein erster Zorn verschwunden und er zur Besinnung gekommen ist, auf die Sache nicht mehr zurück und vergißt die »Schandtaten« der zu Bestrafenden ganz.

Unser Urteil über ihn wird unsicher und ambivalent bleiben. Ein Leichtes wäre es für ihn gewesen, die Ausführung seiner Befehle zu kontrollieren. Aber vielleicht will er, daß alles ein Spiel bleibt – freilich ein Spiel, dessen merkwürdige Regeln er allein bestimmt und die nur er kennt. Manchmal hat es den Anschein, daß ihn, den extremen Egozentriker, schon das Ausdenken und Formulieren der teuflischen und dämonischen Befehle, in denen sich seine bizarren Launen und seine weit ausschweifende Phantasie widerspiegeln, genug befriedigen.

Mit Milde und Nachsicht kann freilich fast jeder rechnen, der Reue zeigt und zu erkennen gibt, künftig gefügig sein zu wollen. Denn der König, der nicht gerne verzeiht, erwartet, daß ein Bestrafter um Nachsicht bittet und gelobt, gefügig zu sein und sich dem königlichen absoluten Willen zu unterwerfen. Auf einem der Zettel, von denen ein großer Vorrat angelegt ist, hat der Delinquent nach einem vorgeschriebenen Wortlaut um Vergebung zu bitten: »Eurer Majestät wagt der alleruntertänigste Diener die Bitte um allergütigste Verzeihung zu den Allerhöchsten Füßen zu legen.« Und nach einem solchen Ritual, das zu seinem Glück gehört, hat der König auch alles erreicht, was er wollte. Dann ist er selig und zufrieden, weil er schon längst darauf wartete, seine wahre Macht zu zeigen: Er läßt Gnade vor Recht ergehen.

Es entstehen seltsame und groteske Situationen am königlichen Hof: Seinem Kammerlakai Alfons Weber, den er ins Gefängnis sperren ließ, weil er nicht mehr dienen wollte, läßt er Wein und Bier bringen, während der Gefängniswärter – wie es zu einer wirklich guten Theaterkomödie gehört – nichts davon erfahren darf.

Auf ewig unversöhnlich allerdings bleibt er, wenn jemand sein Majestätsgefühl verletzt und seine Person mißachtet, die »heilig« ist und in deren Hand alle Staatsgewalt vereint ist. Dann braust er in maßlosem Zorne auf, und es verschwindet sein Interesse an fremdem Wohl und Wehe. Der König, in dessen Namen das Recht in seinem Reich gesprochen wird, will dann nicht mehr wissen, was Recht und Unrecht ist, und er denkt auch nicht mehr darüber nach, welches Unheil er mit seinem Machtgehabe anrichtet. Er ist der herrisch-hysterische König – und gibt sich dann Augenblicke später als der Leidende, der nicht ahnt, wie sehr er andere verletzt, indem er sie ächtet und verdammt.

In seiner Vorstellungs- und Gefühlswelt ist das Königtum von Gottes Gnaden tief verwurzelt. Früher schwärmte er in seinen Wunschträumen vom Erhabenen und Edlen und von den hohen Idealen des wahren und vollkommenen Königtums und der Heiligkeit des unumschränkten Herrschertums, das, wie er Richard Wagner schrieb, »durch Demut und Vernichtung des Bösen im Inneren erworben wird, worin die wahre Gewalt liegt«.

Jetzt ist ein Wandel seiner Persönlichkeit eingetreten: Hat man einst seine Herzensgüte, seine Liebenswürdigkeit und Vertrauensseligkeit gerühmt, so wendet er jetzt nach Belieben Gewalt an, und sein Untertan steht rechtlos und ohne Schutz vor ihm. Mehr und mehr tyrannisiert er seine Dienstboten, und die wütenden Tätlichkeiten und Mißhandlungen selbst bei kleinsten Versehen und Unachtsamkeiten nehmen zu. Seine bizarren Befehle entspringen dem Wahn seiner Machtfülle, und manche seiner willkürlichen Anordnungen sind als kriminell einzustufen. Die Gewalt ist sein Recht. Vertreibt er einen seiner Lakaien oder Günstlinge vom Hof, dann glaubt er, die in seinem Land geltenden Gesetze brechen zu dürfen, um diesen, wenn er es will, zum Verstummen zu bringen, zu verbannen oder – wie er es ausdrückt und was immer das heißen mag – »unschädlich« zu machen.

Grell klingen die Gerüchte über seine sonderbaren Launen, die man sich in München erzählt und von denen auch Fürst Bismarck in Berlin erfahren hat: Der König von Bayern traktiert seine Diener und Domestiken, er tobt und tritt, stampft mit den Füßen, schindet und schikaniert die Lakaien, sie werden geohrfeigt, an den Ohren gezerrt, mit der Faust geschlagen, oder er spuckt ihnen ins Gesicht. Als Mitte 1885 diese Dinge mehr und mehr in der Öffentlichkeit bekanntwerden, rät man dem König, die merkwürdigen Strafen zu mildern, so daß er dann gnädigerweise nur noch zwei Wochen Arrest im Neuschwansteiner Burgverlies bei Wasser und Brot oder Milch verhängt oder es am liebsten Hesselschwerdt überläßt, sich eine Strafe auszudenken.

Manch einer der vom Hof des Landesherrn verjagten Bediensteten, der hinter die Kulissen seines königlichen Hofes blicken konnte, der sich der königlichen Gnade erfreute und eine Zeitlang von seiner Großmut lebte, plaudert zu Hause vor seinen Bekannten und Verwandten aus, was er in Linderhof oder Neuschwanstein erlebte und erlitt – und er sucht aus Not oder vielleicht auch unter der Gunst der Stunde das merkwürdige Verhalten des Monarchen für sich nutzbar zu machen, um über einen Rechtsbeistand juristischen Schutz zu erlangen oder durch einen Anwalt Geld aus der königlichen Kasse zu erpressen.

Am Hof darf es indessen niemand wagen, einen Verdammten, der auf mysteriöse Weise verschwand, vor dem König zu erwähnen, der den Namen des Unglücklichen nicht mehr ausspricht und ausschreibt und ihn nur noch – dies ist meist das Zeichen seines verbitterten Hasses und seiner ewigen Unversöhnlichkeit – mit dem Anfangsbuchstaben abkürzt [vgl. Faksimile Seite 72]:

»*Du weißt, lieber Karl, wie hundsgemein jener Schand-R. sich in Hohenschwangau benahm. –*

Du brachtest ihn, was er <u>*sehr*</u> *verdient hat, über die Grenze und befahlst ihm strengstens, nie mehr nach Bayern zurückzukehren. Wie groß war Mein Staunen, Meine Entrüstung vor ein paar Wochen haben vernehmen zu müssen, daß dieser Abschaum der Menschheit hier ist und ganz ruhig bei Graf Toerring dient.*

Fort <u>*muß*</u> *er, denke nur, vor ein paar Tagen mußte Ich hören, daß dieser Schandkerl, der niedergedrückt sein müßte durch das Bewußtsein seiner Schuld gegen Mich, dem Ich noch obendrein durch dich etwas zukommen ließ, gegen dich Klage erhoben hat* oder erheben will; also hat er es, wie es scheint, schon manchen mitgeteilt. Dieser Abschaum der Menschen würde ja auf diese Weise auch noch, nachdem er geradezu eine Majestätsbeleidigung gegen Mich, seinen König, beging, triumphieren; nicht nur Meinet- und nicht nur deinetwillen darf dies [nicht] sein.

Das wirst du deutlich einsehen, dies _muß_ schleunigst verhindert werden; wieder _frei_ lassen über der Grenze hilft nichts, wie es jetzt nichts geholfen hat; also sollte er, _wenn_ es möglich ist, nach Amerika, oder als Gefangener verschwinden, es _muß_ sein!!

Er wurde noch _viel_ zu gut (!) behandelt, _leben_ muß er, aber nicht frei bleiben, da er einen solchen frevelhaften Gebrauch von seiner Freiheit macht. Um Meinet- und um deinetwillen also ihn, dessen Namen Ich nicht mehr aussprechen noch schreiben will, denn er ist zu verabscheuungswert, unschädlich machen.

Es muß sein! Aber Vorsicht ist nötig!

12. März 85   Ludwig.«

Auf dem Weg zum königlichen Offenbarungseid

Ende 1883: Ludwig ist empört darüber, daß das Ritterhaus auf der Burg Neuschwanstein, die seine Gralsburg werden soll, immer noch nicht vollendet ist und die Bauarbeiten zum Sängersaal und Thronsaal noch nicht einmal begonnen haben. Zuallererst muß aber nach seinem Willen im Schloß Herrenchiemsee noch die prunkvolle private Wohnung, das sogenannte Kleine Appartement, eingerichtet werden.

Karl Hesselschwerdt soll den für die Hof- und Kabinettskasse verantwortlichen Hofsekretär Ludwig von Bürkel und den bauleitenden Architekten Georg Dollmann zur Eile antreiben. Der König macht sie nicht nur für die Kosten-, sondern auch für alle Terminüberschreitungen verantwortlich:

»Die Termine <u>müssen</u> eingehalten werden, es wurde ja sogar der Thronsaal der hiesigen Burg wegen der kleinen Appartements auf 86 verschoben. Daß es so steht wie in Deiner Meldung zu lesen ist, ist zum sehr großen Teil Dollmanns Schuld, der stets mehr braucht als angesetzt wurde, wie auch aus Bürkels Meldung vom Ende Oktober hervorgeht; auch ist es Bürkels Schuld, der in seiner Nachlässigkeit versäumt, Dollmann auf die Finger zu sehen. Ich wiederhole es, die Termine <u>müssen</u> eingehalten werden; das Versprechen muß gehalten werden. Ich habe seit den letzten Versicherungen, daß alles bestimmt fertig wird, durchaus nicht viel ausgegeben.

Die Zeichnungen für die Toilette müssen, wie Du aus München gemeldet hast, 15. Dezember fertig werden, nicht erst im Januar, wie Du neulich sagtest. Was man Mir meldet, hat streng eingehalten zu werden, sonst ist es ja Lug und Trug. Es darf nicht fehlen an den Stickereien zur befohlenen und wie Du längst weißt, auch längst versprochenen Zeit. Wie oft hast Du es versichert. Schon lange empört mich Deine Vertrauensseligkeit und Leicht- gläubigkeit und Leichtsinn. Die Termine stehen fest, kümmere Dich darum, daß sie eingehalten werden.

1. Dezember 83   Ludwig«

Seit 1881 nimmt die Kabinettskasse, welche das private Vermögen und die Schulden des Monarchen zu verwalten hat, zur Finanzierung der königlichen Bauten zunehmend Kredite auf. Voller Ungeduld und ohne Rücksicht auf seine prekären finanziellen Verhältnisse möchte der König den Bau seiner Schlösser beschleunigen.

Das Hofsekretariat, an dessen Spitze Ludwig von Bürkel steht, ist für die königlichen Privatbauten und die Theaterangelegenheiten zuständig und damit Dreh- und Angelpunkt für alle Finanztransaktionen, welche die privaten Liebhabereien des Königs betreffen. Da das Hofsekretariat die Hofkasse und auch die Kabinettskasse zu verwalten hat, trägt es die Hauptverantwortung beim Bau der Königsschlösser.

Der König verfügt über ein beträchtliches Privatvermögen. Leider wirft es keine großen Gewinne ab, und so ist er auf den öffentlichen Haushalt angewiesen, aus dem ihm über die sogenannte Zivilliste jährlich Zuwendungen von mehr als vier Millionen Mark zustehen, mit denen er die fixen Kosten seiner Hofhaltung, einschließlich der Aufwendungen für seine Schlösser und Theater, zu bestreiten hat. Alle halten dies für zumindest ausreichend, viele meinen sogar, es wäre – zumal er doch unverheiratet sei – überreichlich bemessen, und weder das Ministerium noch die Kammern der Abgeordneten und der Reichsräte denken ernstlich daran, ihrem Landesherrn aus dem Staatsetat weitere Gelder zu gewähren, die er für seine prunkvollen neuen Schlösser und abenteuerlichen Burgen und seine anderen privaten Vergnügen und Narreteien, die man ihm nicht verzeiht, vergeuden würde.

Es ist dem König nie in den Sinn gekommen, damit zu argumentieren, er baue die Schlösser für das Volk oder zum Glück späterer Generationen. Geweihte Stätten, »heilig und unnahbar«, sollen nach seinem Willen die fern von München entstehenden Residenzen sein, weil »der Blick des Volkes sie entweihen, besudeln könnte«. Die Wunderschlösser, die er mit niemandem teilen will, baut der König, der seinem Volk ein Rätsel bleiben will, für sich allein, nicht für die Nachwelt. Er überlegt sogar, sie nach seinem Tod in die Luft sprengen und in Schutt und Asche versenken zu lassen.

Seine Zeitgenossen stehen, wenn sie zu der neuen bizarren und wunderlichen Burg von Neuschwanstein hoch oben auf dem Felsen über der wilden Pöllatschlucht aufsehen, vor einem unergründlichen Rätsel, das sie ängstigt, und vor einem Geheimnis, das ihnen bedrohlich erscheint. All diesen gemeinen und poesielosen Menschen sollen seine Schlösser versperrt bleiben – und genauso den Ministern, den Reichsräten, Abgeordneten und Mitgliedern der Wittelsbacher Familie, deren Mittelmäßigkeit er verachtet und deren erbärmliche Kleinlichkeit ihn kränkt, und die es alle nicht begreifen, warum er diese neuen Residenzen baut. Voller Neid und Ärger sehen sie, wie vor ihren Augen nutzlose Geisterschlösser entstehen, in die man sie nicht einläßt.

Zu Beginn des Jahres 1884 meldet der Hofsekretär Bürkel dem König, daß die Verbindlichkeiten der Kabinettskasse auf vier Millionen Mark angestiegen sind – und erregt damit dessen Zorn. Ludwig ereifert sich darüber, daß Bürkel es sträflich versäumt habe, die Richard Wagner zugedachten restlichen Gelder, welche wegen dessen Tod im Vorjahr frei verfügbar wurden, für die königlichen Privatbauten zu verwenden – so als ob tausend Mark die finanzielle Misere des Königs von Bayern behoben hätten [vgl. Faksimile Seite 77]:

»Lieber Karl!

Dies schreibe ich als Nachtrag zu meinem gestrigen Brief. –

Du weißt, daß Bürkel die Frechheit hatte, obwohl Du ihm den Befehl im Herbste überbracht hast und er es also <u>deutlich</u> wußte, von den 6000 Mark des sonst für R. Wagner bestimmten Geldes 1000 zu verausgaben, so scheint er es in seiner abscheulichen Ungenauigkeit jetzt auch gemacht zu haben, er sündigte auf die Zusicherung jener Summe hin.

Der Schreibtisch, über den er kürzlich gemeldet hat, daß er allein so viel wie ein kleines Schloß kostet! (unbegreiflich), die beiden großen Standuhren, kurzum fast alles, was den ganzen Sommer über als bestimmt feststehend von ihm versichert wurde, wird jetzt erst fertig, selbst die längst versprochenen Stickereien, wenn Zuschüsse kommen. Dies hat er, bevor er von Zuschüssen wußte, durchaus nicht als nötig hingestellt, es geht also dabei nicht mit rechten Dingen zu, das ist klar, trotz seines geschriebenen Gewäsches.

Daß Dir meine Bauten so sehr am Herzen liegen, hast Du erst kürzlich mir wieder versichert, ich verlasse mich darauf, und will es, daß Du es mir jetzt auch durch die Tat beweisest, denn notwendig brauche ich jetzt sichtbare Beweise. Dollmann und Bürkel haben die Angelegenheit ganz verfahren, nur durch energisches und umsichtiges in die Handnehmen kann alles wieder in das Geleise gebracht werden.

(Näheres über den Schweden, das hätte nicht ausgelassen werden sollen.)

Verbrenne natürlich dies alles, präge es Dir aber genau ein, mache stets ein paar Notizen über die Aufträge.

Herzliche Grüße, mein teurer Karl.

4. Januar 1884   Ludwig«

In seinen Träumen hat er sich die märchenhafte Pracht seiner neuen Schlösser ausgedacht. Freilich ist er nicht einfach ein gedankenloser Phantast, ein naiver unwissender und dilettierender Bauherr, der von unausführbaren Illusionen und Utopien eingenommen ist. Die neuen Bauten sind die ureigensten Werke des eigenwilligen Königs, der kaum den Dialog mit den Künstlern kennt. Es sind die virtuosen Schöpfungen eines Perfektionisten, der die einschlägige Literatur durchwühlt und alle erreichbaren Quellen wie versessen liest und studiert. Das Wissen, das der geniale Autodidakt sich durch seine glänzende Auffassungsgabe erwirbt, bringt die Architekten und Künstler zur Verzweiflung, denn sie dürfen sich ja »keine eigene Willkürlichkeit zuschulden kommen lassen«.

Der König formuliert das Thema, legt den Inhalt fest, entwirft das Konzept des Kunstwerks. In seiner unerschöpflichen Phantasie

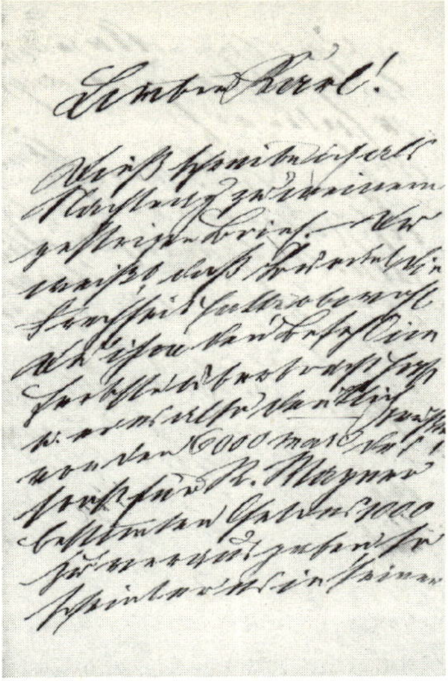
Lieber Karl!

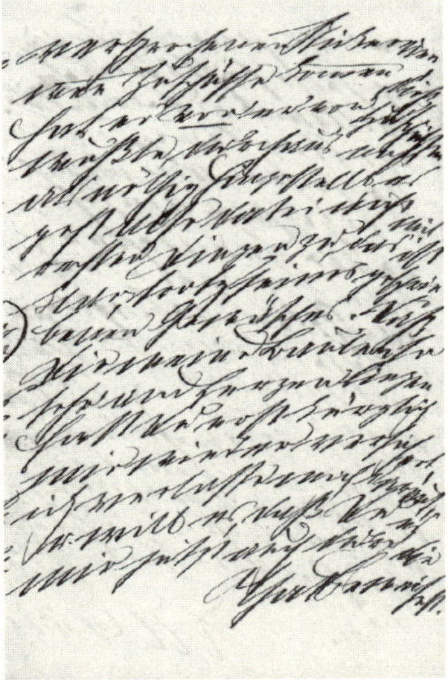

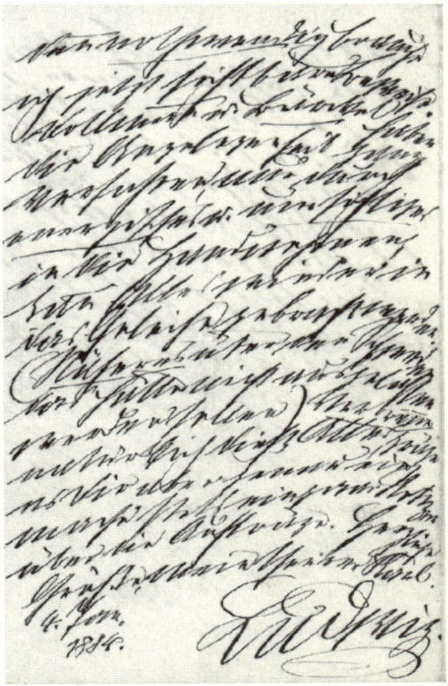
4. Jan.
1884
Ludwig

setzt er die Akzente, prüft alle Pläne und Modelle, kümmert sich um die modernsten Mittel und Maschinen für den Bau seiner Schlösser und achtet mit seinem Kunstsinn auf den rechten »Styl«. Im Geiste des Historismus, wo jeder Stil möglich und zulässig ist und der Künstler daher auch jede Kunstform beherrschen muß, befiehlt und kontrolliert er die nach seiner Vorstellung historisch getreue und wahre Wiedergabe – ganz gleich, ob eine mittelalterliche Burg, ein Schloß im Stil des Hochbarocks oder des Rokokos oder ein orientalischer Palast nachzubauen ist. Und wenn der Bauherr alles durchdacht und immer wieder überarbeitet hat, tadelt er gnadenlos jede Arbeit, die flüchtig und oberflächlich ist, bemängelt die formalen Fehler, die falschen Perspektiven, korrigiert die mangelhaften Illuminationen, das unzureichende Farbenspiel und die unpassenden Farben, die ihm oft zu blaß, grau, glanzlos erscheinen. Denn nach dem Willen des Königs, der die Farben liebt, sollen sie kräftig und lebhaft leuchten. Und wenn er dann die allerletzten Details diktiert und sein ureigenes Gesamtkunstwerk formuliert hat, bestraft er die Künstler, oder er bezahlt sie großzügig. Denn *er* ist der König und der Richter über die Künste – so wie sein großes Vorbild, Ludwig XIV., der König der Könige, der in seinen Händen das Zepter und den Lorbeerkranz hielt, um zu zeigen: der Monarch befiehlt und belohnt.

So fürchtet man die Anordnungen des begnadeten Bauherrn, der mit seiner Kritik, die manchen spitzfindig erscheint, die Handwerker, Architekten und Finanzleute bis zur Weißglut reizt. Während er ihre technischen Bedenken und finanziellen Skrupel verwünscht, treibt er rastlos und voll Ungeduld seine Bauten voran, die ihm die einzige Lebensfreude verschaffen:

»Lieber Karl!

Früher schon sagte ich Dir, daß das Porzellanschreibzeug werden muß ähnlich wie jenes im Linderhofe im Spiegelzimmer und dem in der englischen Sammlung. Man darf mit den Entwürfen für die Porzellanschreibmappe und dem Briefbeschwerer und was sonst dazu gehört nicht zögern. Sorge mit <u>*Energie*</u> *dafür, daß ich keinesfalls länger als in 8 Tagen das Bild der Relief-Apollo-Gruppe erhalte.*

Beschleunige das Finden des Ersatzes für Dollmann und Bür-
kel, schreibe es Dir recht auf. Beschwöre den Fürsten Taxis we-
gen der Summe, sonst ist es mit dem Bauen aus, was ganz schau-
derhaft und furchtbar arg wäre. – (…)

Sonntag 13 nachts muß ich genau erfahren, was der elende
Bürkel bestellt hat und wie es steht. Daß, gesetzt das Geld käme,
Bürkel und Dollmann doch nicht die verlorene Zeit prompt
genug nachholen, weiß ich, Du mußt schleunigst durch andere
alles in die Hand nehmen lassen, denn ich will die Zimmer be-
stimmt vom August an bewohnen, auch das ovale.

Verdoppele und verdreifache Deinen Eifer, Taten, Erfolg will
ich sehen, mit Worten ist mir nicht gedient. Es wird gar nichts bis
August fertig, wenn nicht schleunigst ein anderer Geist in alles
kommt. Bürkel ist nicht mehr zu brauchen. –

Halte ihm vor, daß er kürzlich erst die Versicherung wegen
der Bilder ober den Türen gab, der Vollendung der Gemälde für
das Speisezimmer und der bunten Stickerei (letztere Februar).
Betreibe die Zeichnung für das nef und für das cadenas, be-
treibe die Anfertigung der Toilette. Diese Sachen: Bauen, Ein-
richtungsgegenstände muß ein anderer so bald als möglich in
die Hand nehmen, schon im nächsten Monat. Bürkel ist unfähig
und hat abgehaust, wissen darf er es noch nicht. Präge Dir dies
alles ein …

Wie steht es also mit den Kandelabern für den Sängersaal auf
der Fensterseite? Sei eifrig! Nur keinen Scheineifer! Wie so oft
bisher.

10. Januar 84   Ludwig«

Die Schuld an den Verzögerungen der Königsbauten, an seinen
Geldnöten und Schuldenlasten schiebt er stets den anderen zu: den
unfähigen und nörgelnden Beratern und Dienern und den kühl kal-
kulierenden Bankiers und Finanzleuten, die er alle verwünscht,
weil sie ihm die verlangten Millionen nicht aus dem Boden stamp-
fen können.

Seine Phantasien steigern sich zu Illusionen, und er glaubt auch
schon, die neuen Quellen genau zu kennen, aus denen das sehn-

lichst erhoffte Geld, das es doch überall auf der Welt im Überfluß gibt, zur Sanierung seiner maroden Finanzen sprudeln könnte:

»Lieber Karl!

Aus allem geht hervor und zwar sehr deutlich, daß trotz aller dummen nichtssagenden Ausreden hauptsächlich Bürkel und Dollmann die seit einer Reihe von Jahren Mir so am Herzen liegende Angelegenheit verfahren haben durch ihre Nachlässigkeit und schlechtes Berechnen. Ich bin nicht gesonnen, durch die Schlechtigkeit unnützer Diener leiden zu wollen. Bleiben kann und darf es nicht wie es jetzt steht, weil es zum Verzweifeln wäre. Sich mit dem Gedanken vertraut zu machen, daß es aus ist, ist »unmöglich«.

Kramer Klett und Faber in Nürnberg haben Mir beide viel zu verdanken, wurden Reichsräte und Barone, beide sind sehr reich, ein Leichtes ist es ihnen, die nötigen Summen vorzustrekken, aber jemand Geschickter muß natürlich die Verhandlungen [ab hier vgl. Faksimile gegenüber] führen, mache es gut und sprich auch mit Pfister sogleich hierüber, lasse überhaupt in dieser Sache nichts aus, verzichten ist ganz unmöglich, handle darnach.

Geld ist in der Welt in Hülle und Fülle vorhanden, folglich muß es her um jeden Preis, man muß nur geschickt zu Werke gehen. Morgen (26.) um 7 Uhr abends kannst du leicht (!) hier sein.

25. Januar 84.   Ludwig.

Bürkel ist nicht nur krank, sondern sehr unfähig, ein tüchtiger Mann muß es auch ermöglichen können.«

1884 werden die spätbarocken Prunk- und Schauräume des Schlosses Herrenchiemsee, das Große Appartement, das die Macht und Erhabenheit seines Königtums demonstrieren soll, im wesentlichen fertiggestellt. Es folgen sofort die Planungen für das Kleine Appartement, die privaten Wohnräume des Königs, die ihm besonders am Herzen liegen: der Glanz dieser wundervollen Salons, vor

allem die unvergleichlichen Phantasiebilder des Porzellankabi-
netts, das Juwel des kostbaren Ensembles, lieblich und heiter und
voll von Galanterie, soll die Pracht des Ancien régime heraufbe-
schwören und alles in poetischer Verklärung überstrahlen.

Pünktlich legt Julius Hofmann, den man mit den Zeichnungen
betraut hatte, die Entwürfe vor; im Herbst 1884 wird er Dollmann
als Hofbauarchitekten ablösen, denn er ist »ein schneller und wendiger Arbeiter, kein ›Beamter‹, sondern ein Mann, der im Notfall
auch etwas biegen konnte, um Unmögliches möglich zu machen«.

Die Jahre 1883 und 1884 bilden einen neuen tiefen Einschnitt im
Leben des Königs. Es ist die Zeit, in der die alten Organisationen
und politischen Strukturen am königlichen Hof zusammenbrechen
und verfallen. Ende Februar 1883 muß Friedrich von Ziegler, der
langjährige Vertraute Ludwigs, sein Amt als Kabinettssekretär
endgültig niederlegen; willkürliche und unendliche Demütigungen
durch den launenhaften König waren vorausgegangen. Früher war
er »der beste und vollkommenste Mensch« gewesen, dem der König nie versagenden Dank versprach, »den kein Zeitensturm ver-
wehen wird«. Er bot ihm das vertrauliche »Du« an und schickte
ihm – wie so vielen anderen auch – schwärmerische und verträumte
Briefe und wulstige Poeme, berauscht von den himmlischen und
herrlichen Stunden, die er an der Seite seines Kabinettssekretärs
verleben durfte. »Mein angebeteter Freund«, begannen die Briefe
des Königs – und jetzt, nach dem Ende seiner Dienstzeit, ist Ziegler
unendlich froh, die unwürdige Lakaienwirtschaft zu verlassen und
der düsteren Hölle des Hofes zu entkommen. Für den König ist
Friedrich von Ziegler nur mehr der viel gescholtene »Cabinetsbengel Z.«.

Am 31. Januar 1884 quittiert nach fünfjähriger Tätigkeit auch
der Hofsekretär Ludwig von Bürkel seinen Dienst. So sucht man
bei dem trostlosen Zustand der Finanzkasse ein neues Finanzgenie
und stößt auf den Polizeirat Philipp Pfister.

Mit großem Tatendrang packt der neue Hofsekretär die Aufgabe
an, und mit Feuereifer wirbt er bei den renommiertesten Bankiers
der europäischen Finanzwelt um Gelder: bei den Bankiers Roth-

schild und bei Bleichröder, bei Hirsch und bei Cohn, die er alle in diesem Pokerspiel gegeneinander auszuspielen sucht, und auch das Bankhaus Baring Brothers in London schaltet er ein, welches angeblich keine andere Sicherheit als die fürstliche Ehre des Königs von Bayern verlangt. Und da ist noch der Bankier Erlanger, von dem er sich wahre Wunder erwartet.

Aber schon zwei Wochen später schreibt der König recht unzufrieden an Hesselschwerdt:

»... Pfister hat sich, wie es deutlich scheint, im Erlanger getäuscht. Wie kam das nur? –

Denke an jene andere Art, die so dringend nötigen Summen zu erhalten; ob es so versucht wird, ist noch die Frage, entwirf aber vorläufig hierfür einen Plan natürlich ohne Pfister. Das gänzliche Aufgeben der Unternehmungen wäre zu arg! nicht denkbar! –

Wie merkwürdig sicher schien doch Pfister zu sein! und jetzt! –

Vorwärts muß es gehen! So wie es jetzt steht, kann es und darf es nicht bleiben.

Ludwig

Gut ist es nicht, daß Pfister schon im Herbst des Lebens steht (51 Jahre), wenn man denkt, wie früh der Cabinetsbengel Z. und Bürkel ausgespannt haben. –

Da die Summe von Bleichröder nicht genügt, muß er noch wo anders Geld zu erhalten suchen; setze ihm recht dringend zu. Pfister hat offenbar zuvor den Mund zu voll genommen, jetzt will er den Schweif einziehen. Was ist es nur mit Erlanger, von dem er sich so viel versprach?

Die Zimmer, der Ausbau des Flügels, die beiden Fontainen, der Marmor fertig bis August, dies muß erzwungen werden und das Geld hiefür muß beschafft werden. –

Die heute von Pfister gekommene Meldung ist zu schauderhaft, jetzt muß alles erst recht geregelt und durchgesetzt werden, zerbrich den Kopf darüber ...«

Gleich bei Antritt seines neuen Amtes erhält Pfister den Auftrag, nach Berlin zu fahren, um die dringend benötigten Gelder zu besorgen. Der ehemalige Polizeirat, den in Bayern und auch anderswo fast niemand kennt und der bisher noch nirgends auffällig wurde, sieht sich zuallererst veranlaßt, ein Pseudonym zu ersinnen: damit sich niemand an seine Fersen heftet, wird er sich tarnen und die weite Reise, die vor aller Welt strengstens verheimlicht werden soll, als »Regierungsrat Dr. Becker aus Würzburg« antreten.

In Berlin tritt er dann recht bedeutend auf und wählt mächtige Worte: »Bayern stehe vor einem Aufstand« und bayerische und österreichische Ultramontane, die bösen Feinde Preußens, hätten angeboten, beträchtliche Geldsummen für König Ludwig II. aufzubringen – alles unter der Bedingung, er müsse in Bayern das Ministerium von Johann Lutz, das reichstreu und Preußen freundlich gesinnt sei, durch den ultramontanen und erzkonservativen Politiker Franckenstein ersetzen.

Obgleich man in Bayern nichts mehr als die Abhängigkeit von Preußen fürchtet, weil man um die Souveränität und Selbständigkeit des Landes und seine verfassungsmäßigen Privilegien bangt und stets in der Angst lebt, die letzten Überbleibsel der Eigenstaatlichkeit einzubüßen, wendet man sich also in der allerhöchsten Not an den Reichskanzler in Berlin. Der läßt Ludwig ohnehin schon auf geheimen und rätselhaften Wegen 300 000 Mark jährlich zukommen. Man hofft, daß Bismarck dem König von Bayern, der damals im Jahr 1870 die schwerste politische Entscheidung seines Lebens fällen mußte, für seine Hilfe bei der denkwürdigen Reichsgründung im Spiegelsaal von Versailles auf ewige Zeiten dankbar sein müßte, so daß er bereit sei, unter der Hand und an den Rechnungsbüchern vorbei aus seinem Reptilienfonds leicht noch mehr Gelder abzuzweigen, die nicht in den bayerischen Staatshaushalt, sondern direkt und diskret in die königliche Kasse fließen sollen, damit Ludwig II. sie für seine privaten Projekte und Liebhabereien ausgeben kann.

Otto von Bismarck zeigt sich wieder einmal erkenntlich. Am 10. Februar, abends um 22 Uhr, wird auf Weisung des Reichskanzlers in der Privatwohnung von Dr. Rottenburg, dem Vortragenden Rat der Reichskanzlei, dem bayerischen Hofsekretär als »kostbare und einzige Reserve für die Kabinettskasse« eine weitere Million Mark in Form von Wertpapieren aus dem Welfenfonds zugesagt, um Zwangsvollstreckungen in das Privatvermögen des Königs von Bayern abzuwehren. Die Zuwendungen stammen aus dem beschlagnahmten oder – wie manche es lieber beschreiben – gestohlenen Vermögen des letzten Königs von Hannover, dessen Land von Preußen vereinnahmt wurde und dessen Besitz Bismarck nun liquidiert und verteilt. So wird auch der König von Bayern daraus bedacht. Es ist eine Hilfe, die recht beträchtlich ist, die aber auch keine übermäßige Begeisterung bei Ludwig auslöst. Denn sie reicht bei weitem nicht aus, und überdies mahnen die politischen Umstände, so schreibt er an Hesselschwerdt, zur Vorsicht:

>»... Erfreulich ist es einerseits, daß eine so große Summe zu bekommen ist, andererseits muß man vor allem, was von preußischer Seite ausgeht, sehr auf seiner Hut sein, über kurz oder lang könnten sie sonst dort neue politische Opfer haben wollen. Hole den Grafen zuvor noch aus. Vorsicht tut not! Ich fürchte, er hat sie zu wenig...«

Gleich nach dem Antritt seiner Stelle hat Pfister einen Kassensturz verordnet, indem er lithographierte Schreiben an die Geschäftsleute verschickt, damit sie ihre Forderungen benennen. Die Inventur ist radikal – und das Resultat bitter. Am königlichen Hof hat man den Überblick über die verwickelten Finanzen verloren. Die privaten Schulden des Königs haben sich, so wird es im Bericht des neuen Hofsekretärs festgestellt, mehr als verdoppelt: auf schwindelerregende acht Millionen Mark, die nach der heutigen Kaufkraft ungefähr 80 Millionen Euro entsprechen. Graf Werthern-Beichlingen, der preußische Gesandte in München und Vertraute Bismarcks, ist wie immer genauestens unterrichtet, was in Bayern geschieht, und kennt auch die gereizte Stimmung unter den Bauhandwerkern und Kunstgewerbetreibenden:

>»Besonders rühren sich die Gläubiger. Jeder von ihnen erfährt erst jetzt, wieviel er Leidensgenossen hat, und daraus entsteht eine Furcht, daß die Mittel nicht ausreichen, um alle zu befriedi-

gen. Diese Aufregung geht tief ins Land hinein und erstreckt sich durch einen hiesigen Elfenbeinschneider, welcher 700 000 M. zu fordern und seine Arbeiter außerhalb Bayerns hat, bis in den El-saß. Baron Lille, Holnstein's Freund, steht auf dem Konto für gelieferte Backsteine zum Bau im Chiemsee mit 900 000 M. Der Bauunternehmer selbst mit 2 ½ Millionen; der Hoftapezierer Steinmetz mit 70 000 M. Die Goldstickerin Jörres mit 50 000 u.s.f. Auch der Hofstall soll bedeutendes Defizit haben, da in-folge des unvernünftigen Fahrens der Konsum an Pferden jähr-lich mehr als ein Drittel des Etats beträgt. Kurzum, es ist die höchste Zeit, daß dieser Wirtschaft ein Ende gemacht werde.«

Und weiter berichtet der preußische Gesandte nach Berlin:

»So viel ich beurteilen kann, setzt Pfister sehr ruhig und beson-nen einen Fuß vor den andern, steht aber wie eine Mauer auf dem Platze, den er eingenommen hat. Darin liegt auch die ein-zige Möglichkeit, den König zu retten, und wenn sich das als un-ausführbar erweisen sollte, seinen eigenen Rückzug zu decken. Dringt Pfister nicht durch, so bricht hier eine Sündflut herein. Seine Lage wird sehr erschwert durch totale Verlotterung der Leute, welche um den König sind. Einige, wie z. B. Hessel-schwerdt, haben ihre Verbindungen mit Holnstein, der sich aufs neue des Königs bemächtigen möchte. Andere sind abge-stumpft, mürbe, ja feindlich und allerhand Einflüssen zugäng-lich. Kurz vor der Abreise des Königs von Hohenschwangau nahmen drei Lakaien ihre Entlassung, weil der König sie ge-hauen (in der Stadt sagt man: gebissen) hatte, und ich selbst habe Malsen darauf aufmerksam machen müssen, daß er gut tun werde, ihr Stillschweigen zu erkaufen, da sie gesonnen seien, ihre Erlebnisse schriftlich zu veröffentlichen.«

Mit Bleichröder, dem größten Privatbankier Berlins, verhandelt man weiter über ein Darlehen von drei Millionen Mark. Der Geld-bedarf ist unerschöpflich. Pfister plant für März eine Reise nach Berlin.

Zuvor verdoppelt der Polizeirat, als wäre es ein Pokerspiel, die beantragte Kreditsumme auf sechs Millionen Mark, und kurz vor Reiseantritt schreibt er flehentlich und unterwürfig nach Berlin, es möchte auch noch die »Frage gewagt werden, ob Bleichröder äußersten Falles sich zur Begebung von *acht* Millionen entschließen könnte«. Und wenn Bismarck auch keine zusätzlichen Gelder gebe, dann könne der Kanzler, glaubt man in Bayern, bei Bleichröder, der doch auch der Hofbankier Preußens ist, wenigstens in der »geeignet erscheinenden Art und Weise« eine »Interzession« machen, also ein gutes Wort für den König von Bayern einlegen.

Als Pfister aus Berlin meldet, »daß vielleicht 3–4 Millionen zu erreichen sind, da flogen Allerhöchsten Orts« – so verrät er dem Grafen Rantzau, dem Schwiegersohn Bismarcks – »ganze Serien neuer Bestellungen herab, die die ganze Summe verschlungen hätten. An's Schuldenzahlen wird, soviel ist gewiß, an entscheidender Stelle nicht ernsthaft gedacht.«

Niemand ist inzwischen über die Zustände am königlichen Hof Bayerns besser informiert als die Reichskanzlei in Berlin. Sie wird ausgerechnet vom bayerischen Hofsekretär hinter dem Rücken seines Königs durch einen regen und ungewöhnlichen Briefwechsel und durch geheime Treffen an »dritten Orten« in alle erdenklichen Details eingeweiht: Pfister schimpft über seinen Amtsvorgänger, faul und schlampig habe dieser gearbeitet und auch dessen Buchführung sei zu verwerfen. Und währenddessen rühmt er sich selbst über alle Maßen, den pekuniären Dingen auf den Grund zu gehen und endlich Ordnung in der Hofkasse seines Königs zu schaffen, so als habe mit seinem Amtsantritt eine neue Zeitrechnung in der königlichen Kassenführung begonnen und als sei der Hofsekretär des Königs von Bayern der erste, der begriffen habe, daß man auf dieser Welt Soll und Haben auseinanderhalten muß.

Pfister überschätzt sich maßlos, und ohne jede Ahnung von der europäischen Finanzwelt will er in einem wahrhaft beeindruckenden Bericht nach Berlin zeigen, daß er in München das Steuer fest im Griff hat: »Das jüdische Privatkapital-Consortium nehme ich nicht ernstlich: es dient mir nur dazu, dem Könige gegenüber für meine Schluß-Anträge Zeit zu gewinnen, um mir den Rücken nach allen Seiten zu decken.« Und nach und nach habe er auch die anderen mehr oder minder günstigen und annehmbaren Angebote »an der Seele seines Gebieters vorüberziehen und dann verschwinden« lassen, um seinen König »nach und nach zu der Erkenntnis zu bringen, daß Er nur Hilfe finde in einer regulären Anleihe bei *Bleichröder*« und daß er diese nur erlange durch das Protektorat des Fürsten Otto von Bismarck.

Mit großem Erstaunen erfahren wir, wie Ludwig II., der doch die deutschnationale Gesinnung und die Vorherrschaft Preußens verdammt, seinen Hofsekretär nach Berlin schickt und den Bock zum Gärtner macht, und wie der pensionierte Polizeirat aus Bayern dem »großen Weisen«, dem Reichsgründer, hörig ist und sich überglücklich schätzt, ihm einmal in seinem Leben begegnet zu sein. Pfister schreibt an den Grafen Rantzau in Berlin:

> *Des Allerhöchsten volle Zornesschale hat sich nach meiner Rückkunft von Berlin über mich ergossen. Ich hätte es nicht zu sagen brauchen, daß der Schuldenstand auf 8 Millionen angewachsen sei ... und dergleichen mehr ...*
>
> *Auch hier, wie immer und überall, hat der große Weise, zu dessen Füßen ich am letzten Samstag bewundernd und andachtvoll gesessen, das Rechte getroffen ...*
>
> *Welche Gegensätze erkannte ich zwischen Berlin und München! Was ich dort zu sehen das Glück hatte, war ein neuer Beweis, daß das Deutsche Reich und die Deutsche Nation seiner Zukunft ruhig entgegensehen kann. Die Leitung liegt in den rechten Händen, die von tüchtigen, ehrlichen, wahrhaftigen und echt deutschen Kräften gestützt werden.*
>
> *Trotz meines finanziellen Fiasko's bleiben mir die Tage von Berlin eine entscheidende Erinnerung meines Lebens. Alles vereinigt sich in mir in dem Gedanken: ›Gott schütze den großen Kanzler!‹«*

Inzwischen hat man in Berlin in Erfahrung gebracht, daß der Oberststallmeister Maximilian Graf von Holnstein sich wieder bei Ludwig II. anbiedere. Er war im Jahr 1870 – damals einer der engsten Vertrauten des Königs – als Kurier maßgebend an den Versailler Verhandlungen zur Gründung des Deutschen Reiches beteiligt gewesen und dann in Ungnade gefallen. Nun, so hört man, suche er um eine Audienz nach und wolle dem König eine rechtlich zweifelhafte Finanzoperation vorschlagen, wonach er über das Fideikommiß Maximilians II., das heißt über das Treuhandvermögen zugunsten seiner beiden Söhne, schon jetzt frei verfügen könne, nachdem doch sein Bruder Otto wegen Geisteskrankheit schon lange entmündigt sei.

Holnstein wird jedoch nicht zum König vorgelassen, und wie Graf Werthern-Beichlingen vielleicht in überspitzter Form berichtet, hat Ludwig II. ihm sogar »die Bitte abgeschlagen, Ihn durch die *Türspalte* zu sprechen. Holnstein sei ganz in Ungnade; so sehr, daß er zum letzten Hofdiner gar nicht eingeladen worden sei, oder nur gegen Revers, nicht zu erscheinen.«

Dem ehrgeizigen und selbstherrlichen Holnstein traut Ludwig II. nicht mehr, und vor allem ist er über die ungebührlich hohe jährliche Beteiligung erzürnt, welche der forsche Graf – von unehelicher Abstammung aus dem Wittelsbacher Haus – für die Vermittlung der Gelder aus Preußen beansprucht. Pfister jedoch versucht in Berlin den gegenteiligen Eindruck zu erwecken: »Holnsteins Einfluß, wenn auch momentan in Ungnade, ist am Hofe *höchstbedeutend. Er ist im Besitze großer Geheimnisse.«*

»Daß dem Könige ein Bewußtsein der unwürdigen Lage aufgehen werde, in welcher Er sich befindet, ist nicht zu erwarten«, schreibt Graf Werthern-Beichlingen im März 1884 nach Berlin. *»Denn kaum war Pfister fort nach Berlin, als der Graf Holnstein, welchen Seine Majestät zu sehen bis dahin verweigert hatte, Allerhöchst denselben benachrichtigen ließ, er hoffe, durch hiesige Geldmänner 10 Millionen aufzutreiben. Als nun Pfister meldete, daß von Bleichröder drei Millionen zu erlangen sein würden, verbot der König Hesselschwerdt, Holnstein vom Pfister'schen und umgekehrt Pfister vom Holnstein'schen Anerbieten das Mindeste wissen zu lassen; auch sollte die Ankunft der drei Millionen von Berlin ganz geheim gehalten werden, damit nicht etwa davon Schulden bezahlt würden und gleichzeitig stellte Er ein Verzeichnis von dreihundert Gegenständen auf, die Er für diese drei Millionen kaufen wolle!*

*Da er seine Diener hart, ja sogar roh behandelt, so vermindert
sich deren Verschwiegenheit, und Charakterzüge wie diese dringen bis in die Kaffeehäuser. Auch haben seit Bürkels Austritt
die einzelnen Gläubiger erst die Zahl ihrer Leidensgenossen
und die Summe der Schulden kennen gelernt, denn bis dahin
ahnte man sie mehr, als daß man sie wußte, und so groß ist die
Gutmütigkeit und Loyalität dieser Leute, daß Einzelne sich in
Hypotheken- und Wechselschulden gestürzt haben, um die Kabinettskasse nicht drängen zu müssen. Das Alles erzeugt in der
Stadt einen dumpfen Unmut, der für spätere Zeit nichts Gutes
ahnen läßt und an die Stimmung erinnert, welche den Narrens-
possen des Königs Ludwig I. mit Lola Montez ein Ende
machte. Aber, wie gesagt, vorläufig ist Ruhe, und Pfister hofft
nach seinem Tilgungsplane, sogar noch etwas für die Bauten zu
erübrigen.«*

Pfister, der glaubte, von Bismarck und Bleichröder die erhofften
Gelder zu bekommen, hat in seiner Geschwätzigkeit genug pikante
Details nach Berlin berichtet und das Vertrauen in den König
gründlich ruiniert. Man kann sich dort längst eine Meinung bilden,
und am 2. April erhält Ludwig II. die ernüchternde Antwort des
Reichskanzlers. In die Sprache der Diplomaten gekleidet, besagt
sie nichts anderes, als daß Preußen und das Deutsche Reich sich
außerstande sehen zu helfen. Der König von Bayern hat keinen
Kredit mehr:

*»Berlin den 2. April 1884
Allerdurchlauchtigster König,
Allergnädigster Herr,*

*… beehre ich mich auf das gnädige Handschreiben, welches mir
durch den Hofrat Pfister im vorigen Monat zugestellt worden
ist, alleruntertänigst zu erwidern, daß ich bemüht gewesen bin,
den Intentionen Euerer Majestät entsprechend die Verhandlungen zwischen dem Hofrat Pfister und dem Banquier Bleichröder nach Möglichkeit zu fördern, und auf einen wenigstens par-
tiellen Erfolg derselben auch Hoffnung haben würde, wenn es
gelänge, diejenigen »dinglichen« Sicherheiten zu beschaffen,*

welche einem Banquier für die künftige Rückzahlung seiner
Vorschüsse als Bürgschaft dienen.

Es wird mein eifrigstes Bestreben sein, Euerer Majestät in dieser
Frage zu dienen, soweit mein Einfluß auf dem Gebiete dersel-
ben reicht, und, wenn das nicht in dem Euerer Majestät wün-
schenswertem Maße der Fall ist, so wollen Allerhöchst dieselben
den Grund davon nicht in einem Mangel an Eifer, sondern in
den Grenzen suchen, die meinem Können und Vermögen gezo-
gen sind ...

> *In tiefster Ehrfurcht verharre ich*
> *Euerer Majestät alleruntertänigster Diener*
> *v. Bismarck«*

Nachdem man in Berlin durch die Berichte des bayerischen Hofsekretärs Pfister in die wirklich desolate Lage seines Königs eingeweiht ist, zerschlagen sich sehr schnell auch die Geschäfte mit
Bleichröder, obgleich man diesem noch Hoffnung machte, er
könne bayerischer Baron, vielleicht sogar Graf werden. Und nachdem auch der Versuch gescheitert ist, die Aktien des Fideikommisses zu verkaufen und für Ludwig II. zu verwenden, hat man sich am
königlichen Hof schon ein neues juristisches Kunststück ausgedacht. Denn der König hat sich des Vermögens seines entmündigten Bruders Otto erinnert und will, die Gesetze seines Königreichs
brechend, sich daraus ein Darlehen gewähren lassen. Pfister, der
Hofsekretär Ludwigs II., der stets den Eindruck eines bedeutenden
Mannes machen und sich als kompetent erweisen will, liefert sogleich seinen neuesten Bericht nach Berlin:

»Der beabsichtigte und bereits im Vollzuge begriffene Einbruch
in den Wertpapierbestand des König Max II. Privatfideikom-
misses ist seit heute als definitiv gescheitert zu betrachten. Heute
steht auf der Bildfläche ein Englisches Anlehen; in der Reserve
ein Anlehen mit Konsens des Prinzen Otto, als nächsten Agna-
ten; der letztere Punkt ist aber das allertiefste Geheimnis. –
Meine Stellung scheint sich wieder befestigt zu haben; doch gab
es inzwischen manchen Sturm abzuschlagen.«

Es türmen sich immer neue Schwierigkeiten auf. Die Geldsummen, die für die königlichen Bauten gebraucht werden, sind ungeheuer und lassen sich noch nicht einmal schätzen, da denkt der König schon an neue Millionengeschäfte. Voller Ungeduld treibt er Hesselschwerdt zur Eile und mahnt ihn, vor allem gegenüber Graf Holnstein, dessen Eigennutz und Bestechlichkeit er fürchtet, die nötige Vorsicht zu wahren. Außerdem will er seinen Hofsekretär, der erst wenige Monate im Amt ist, möglichst bald loswerden.

> *»... Mit jenem Graf H. ist kein Wort über die Millionenangelegenheit zu verlieren; er denkt stets daran, sich unentbehrlich zu machen. Basta.*
> *Hoffentlich findet der Finanzminister bald einen Ersatz für diesen Pfister, vorläufig hat sich dieser noch um die Summen mit Eifer zu kümmern ...*
> *Beschleunige das Ersatz-Finden für Pfister.«*

Das Fiasko Pfisters ist vollkommen. Er versucht, mit den vorhandenen Mitteln und mit gewissen Einschränkungen bei den Ausgaben eine Galgenfrist zu gewinnen und sich ins nächste Jahr zu retten.

»Auf dieses Ziel ist Pfisters ganzes Bestreben gerichtet«, schreibt der preußische Gesandte, »und er hat so guten Mut wie jener Abenteurer, der sich einem Papste gegen Zahlung von 10 000 Scudi bei Verlust seines Kopfes verpflichtete, binnen zehn Jahren einen Esel sprechen zu lehren, und seine Freunde, welche ihn auf das Gefährliche dieses Unternehmens aufmerksam machten, mit der Bemerkung tröstete, binnen zehn Jahren sterbe der Papst, oder der Esel, oder er selbst.«

Ludwig II., der letzte Fürst in der europäischen Geschichte, der im großen Stil nach seinen eigenen Ideen und Visionen baute, setzt den Architekten und Bauleitern, die rastlos von Baustelle zu Baustelle eilen, ohne Rücksicht knappe Termine, die auch bei steter Tag- und Nachtarbeit niemand einhalten könnte. Die Handwerker, von denen er Geschicklichkeit und Genauigkeit verlangt, bringt er mit seinem Hang zur Perfektion und Pedanterie zur Verzweiflung.

Und der Hofsekretär Pfister, den der König gnadenlos überfordert, hat als der »Finanzminister« Ludwigs II. nicht nur die maroden königlichen Finanzen zu sanieren, er muß sich auch um all die technischen Details und die Ausstattung und Ausschmückung der Schlösser durch die Stukkateure, Maler, Bildhauer, Gießer, Modelleure, Schnitzer, Juweliere und Vergolder und die Beschaffung all des verschwenderischen Prunkes kümmern: um die vom König ersonnenen Embleme, Trophäen, die zahllosen Statuen, Gemälde und prachtvollen Ornamente, die Goldstickereien und die brokatenen Tapeten bis hin zum Schreibzeug, der Schreibmappe und dem Briefbeschwerer. Der König traut zu Recht dem armen Polizeirat Pfister, der von der Fülle der Projekte erdrückt wird, nicht zu, daß er all diesen Aufgaben gewachsen ist. So hat Hesselschwerdt ohne Zögern und Zaudern dafür zu sorgen, daß der Wille des Königs vollzogen wird:

»*Ich wiederhole, was Ich gestern schrieb, daß Ich nicht hoffe und nicht Lust habe, Alles umsonst geschrieben zu haben. Zwinge Pfister zu Allem, denn nur, wenn er gehorcht, kann Ich ihn brauchen, mache ihm die Hölle heiß. Zwinge ihn außer Allem anderen, auch den Schreibtisch (nach dem im Louvre) zu betreiben, [bis hier vgl. Faksimile gegenüber] und das Schreibzeug, das längst befohlene mit der Krone von Edelsteinen, den Königsportraits und den Wappen. –*

Erzwinge ferner das Porzellanschreibzeug für das ovale Zimmer, den Schreibtisch von Rosenholz und Bronze und den Porzellanplatten. Befiehl Dollmann die Zeichnung für die Schreibmappe mit der Porzellanplatte für das ovale Zimmer an und jene des Briefbeschwerers von Porzellan; er soll nicht zögern.

Ludwig.

Ich will hoffen, daß Du das gestern und heute Dir von Mir Aufgetragene gewissenhaft befolgst; die Versicherung, es zu tun, ward keineswegs mit dem richtigen Eifer wie es sein muß, gegeben!«

Die Ausgaben Ludwigs wachsen ins Unermeßliche. Er denkt nicht daran, sich zu beschränken. So kosten allein die Edelmedaillons mit den Königsportraits, welche in seine Schreibgarnitur eingelassen sind, nach heutiger Kaufkraft eine Viertelmillion Euro. Währenddessen bangen die Handwerker um ihr Geld, und manche der Gläubiger stehen bereits vor dem Ruin. Ihre zivilrechtlichen Klagen, die den König bedrohen, sind nur sehr schwer aufzuhalten. Die Schuldscheine stapeln sich im königlichen Hofsekretariat, und alle Geldmittel sind erschöpft. Keine Bank gibt mehr einen Kredit.

Daher setzt man alle Hoffnungen auf ein Bankenkonsortium: aber ein erstes Finanzkonzept, welches Pfister voll Eifer entwirft und das der König am 30. April 1884 auch genehmigt, wird gleich am nächsten Tag vom Finanzminister von Riedel verworfen. Der König, der von seinen Untergebenen stets Unmögliches verlangt und seinem Hofsekretär nur eine Stunde Zeit gab, um den Entwurf auszuarbeiten, wirft ihm prompt die mangelnde Abstimmung mit dem Ministerium vor.

Die Zeit drängt, und die Verhandlungen mit dem Konsortium beanspruchen dann noch einen Monat. Da droht ein Skandal, der den König politisch in den Abgrund reißen und auch dem Reichskanzler Bismarck, der auf dem Zenit seines Ruhmes steht, sehr unbequem werden könnte. Denn das Bankenkonsortium und der bayerische Finanzminister von Riedel haben sich das Recht ausbedungen, Einblick in die privaten Etats des Königs zu nehmen. Und dadurch könnten sie auch jenen geheimnisumwitterten Subventionen Preußens an den König von Bayern auf die Spur kommen, die Graf Holnstein jedes Jahr in Berlin in Empfang nimmt und von denen er als Provision und Schweigegeld zehn Prozent für sich abzweigen darf.

In dieses Geheimnis war am königlichen Hof stets nur der Hofsekretär eingeweiht. Niemand hat zu Lebzeiten Ludwigs öffentlich davon gesprochen oder etwas verlauten lassen. Zwar bezichtigte in den Tagen der Reichsgründung, als Bayern seine Souveränität verlor, die bayerische Patriotenpartei ihre politischen Gegner, die Deutsch-Nationalen, im Solde Bismarcks zu stehen und von Preußen bezahlt zu werden. Aber für alle, erst recht für die königstreue patriotische Partei, war es damals undenkbar, ihr König selbst könne Geld von Preußen angenommen haben.

Nun könnte der Ruch der Bestechung und Vorteilsnahme sich verbreiten. Dabei macht es keinen Unterschied, ob sich Bismarck die Unterschrift unter den berühmten Kaiserbrief, in dem Ludwig II. dem König Wilhelm von Preußen die Kaiserwürde antrug, gegen klingende Münze erkaufte, ob man sich – nach einer anderen Version – die Subventionen Bismarcks als die teilweise Rückzahlung der riesigen und überzogenen Kriegsentschädigung denkt, die das Königreich von Bayern nach der Niederlage von 1866 an Preußen leisten mußte, oder ob die Zahlungen die entgangenen Territorialgewinne Bayerns kompensieren sollten, die Bismarck dem bayerischen König im Jahre 1870 angeblich in Aussicht gestellt oder vielleicht sogar zugesagt hatte. Es ist gewiß und entspricht dem damaligen und dem heutigen Rechtsverständnis: All diese Gelder, wenn sie schon berechtigt gewesen wären, hätten in den bayerischen Staatshaushalt fließen müssen und nicht in die Privatschatulle des Königs von Bayern.

Nur knapp entkommt Ludwig II. einer politischen Katastrophe. Als zu befürchten ist, daß das Kreditkonsortium und der Finanzminister Riedel die königliche Kasse kontrollieren werden, beginnt der Hofsekretär Pfister in dieser brenzligen Affäre rasch, die Etats zu »purifizieren«, wie der frühere Polizeirat es präzise benennt und was in seiner gespreizten, unbayerischen Redeweise – in München nennt man ihn nicht umsonst den »Pfau« – soviel bedeutet wie »die Entfernung der Berliner Subvention aus dem Etat der Kabinettskasse« und die »Sicherstellung des Postens gegen jeden Einblick *für die Zukunft wie für die Vergangenheit*«.

Es gelingt ihm, den Skandal zu verhindern: Noch rechtzeitig korrigiert er die ihm aufgefallenen »bedeutenden Rechenfehler«, bereitet der unhaltbaren »Vermischung und Verwechslung« bestimmter Einnahmen – was nicht einmal übertrieben war – rigoros ein Ende und verbucht kurz entschlossen, als er sich einem immer schneller drehenden Zahlenkarussell gegenübersieht, die jährlichen Subventionen Bismarcks unter der Rubrik »Geheime Einnahmen und Ausgaben«.

Auch für den Zuschuß von einer Million Mark, den er selbst am 10. Februar in Berlin persönlich quittierte, findet der Hofsekretär eine schnelle und geniale Sonderlösung. Wild entschlossen war er vor einigen Monaten angetreten, mit strenger Hand für Ordnung im Haushalt des Königs zu sorgen, und jetzt entpuppt er sich als der wahre Meister der Vertuschung. Von der ihm anvertrauten Hilfe Bismarcks, so schreibt er, wisse keine Seele etwas, und so schummelt er und verschiebt und verschleiert in windig-virtuosen Abrechnungen und »separat und sekret« in diversen Transaktionen die Gelder in einen Geheimfonds, von dem die Gläubiger und Banken nichts wissen und erfahren dürfen, damit dem König Tür und Tor für seine weiteren ehrgeizigen Projekte geöffnet bleiben.

Und doch: Ludwig II. ist mit der Arbeit seines Hofsekretärs höchst unzufrieden. Die buchhalterischen Tricks Pfisters können den König, der gewohnt ist, mit derlei Täuschungen und Finessen umzugehen, wenig beeindrucken. Der Hofsekretär, den der König kein einziges Mal zu einer Audienz empfing, wird bald von der Bildfläche verschwinden. In seinen Briefen an die Reichskanzlei in Berlin trumpft er indessen noch machtvoll auf, er klopft sich auf die Schulter und preist nicht unbescheiden seinen Einfluß und sein Können beim Abschluß des Konsortialvertrags: »Einigen Anteil an diesem Erfolge dürfte sich meine bisher beobachtete offene und gerade Haltung, dem König die ganze und volle Wahrheit jederzeit zu sagen, zuschreiben. Andererseits ist dadurch der Beweis geliefert, daß der König die Wahrheit respektiert, selbst wenn sie ihm noch so unangenehm ist.«

Kaum haben die Bayerische Hypotheken- und Wechselbank, die Süddeutsche Bodenkreditbank und die Königliche Bank ihre Unterschriften unter den Konsortialvertrag von 7,5 Millionen Mark gesetzt, bricht der König, der sich keine Schranken auferlegen läßt, alle Absprachen: Er besteht, schreibt er an Hesselschwerdt, auf dem weiteren Bauen und braucht dafür Geld und nochmals Geld:

»Sehr mißfällt es mir und sehr auffallend ist es, daß die durch dich vorgeschlagenen Geldmenschen zuerst so sehr ins Zeug gingen und dann nicht einmal einen Teil des Verlangten erhalten

konnten, geschickt sind sie nicht. Wenn mir ein Teil natürlich auch nicht genügen kann, so ist dies doch immer besser als gar nichts. –

Ich bestehe nun darauf, daß Du <u>vorläufig</u> nicht ruhst, bis Du die Summe, die für den Apollo-Bassin für <u>nächstes</u> Jahr erforderlich ist, mir verschaffst – <u>vorläufig</u>, denn für das Gewollte ist dies natürlich kein Ersatz. Zuerst glaubst Du stets alles, um dann nach einiger Zeit immer mehr und mehr klein beizugeben.

Dies mißfällt mir sehr, viel zu oft mußte ich jetzt schon diese Erfahrung bei Dir machen ...«

Ludwig II., der trotz des Konsortialkredits weiter unter Geldnot leidet, aber maßlos an den phantastischen Kulissen seines anachronistischen Hofstaats weiterplant, sucht rastlos nach Darlehen bei Banken und Fürsten. Er drängt Hesselschwerdt, der, wenn er schon im Krankenbett liege, doch wenigstens *nachdenken* möchte, wie das Geld für das Weiterbauen nach dem angeblich ungeschickten Agieren des Hofsekretärs Pfister, den er baldmöglichst entlassen will, zu beschaffen wäre:

»Wie schändlich dieser Pfister in der Consortiumsfrage sich blamiert hat, ist unvergeßlich und spricht deutlich von seiner Unverlässigkeit. –

Während Du unwohl warst, habe Ich Dir befohlen, worüber Du hättest schreiben <u>müssen</u>: auszudenken, wie Summen zu beschaffen wären, um Geld auf <u>andere</u> Dir bewußte Weise zu erhalten, ob es nun von Mir so auszuführen befohlen wird oder nicht. Aber darüber nachdenken mußtest Du. Denn an das Nichtzustandekommen der Unternehmungen darf und kann man sich nicht gewöhnen.

Ludwig

Denke recht über die Geldfrage nach, her muß es. Pfister hat nicht den wahren Eifer. Ich kann ihn nicht brauchen.

Zerbrich Dir den Kopf, melde und verbrenne dies natürlich. –«

Schon das erste Memorandum, das Pfister zu Beginn seiner Amtszeit im Frühjahr 1884 verfaßt hatte, war beim König auf Mißfallen gestoßen. Denn der neue Hofsekretär hatte es gewagt, sich zum Schluß einer kurzen Denkschrift über den desolaten Zustand der königlichen Finanzen mit Colbert, dem Finanzminister Ludwigs XIV., zu vergleichen und in dessen Geiste Ratschläge zu erteilen. Stolz, seinem König einen Bericht überreichen zu können, der seiner Meinung nach »kurz, klar, bestimmt und ehrerbietig war«, wußte Pfister nicht: Ludwig II. duldet keinen Rat, den er nicht verlangt hat.

»Um 11 Uhr Nachts«, so meldet der preußische Gesandte nach Berlin, ließ der König den Hoffriseur Müller »aus dem Bette holen, zeigte ihm den Bericht mit den erzürnten Worten: ›Moral will mich der Mensch lehren‹, zerriß die betreffende Stelle und als Pfister zu Bette ging, erhielt er von der Hand des Kammerdieners Mayr ein Allerhöchstes Handbillet des Königs, worin ihm das ›größte Mißfallen‹ über den Schluß des Berichts ausgesprochen wurde.« Und der Gesandte vergißt nicht, die Gepflogenheiten des Königs von Bayern zu erläutern: »Das Allerhöchste ›Mißfallen‹ ist der erste Grad des Tadels; der zweite ist die Allerhöchste ›Empörung‹!«

Recht ungnädig schreibt Ludwig II., der erstmals für mehrere Tage auf der »Baustelle« Neuschwanstein wohnt, an Hesselschwerdt [vgl. Faksimile Seite 101]:

»Besorge dies mit besonderem Eifer, es ist Mir <u>sehr viel</u> daran gelegen.

Jener gar nicht zu brauchende Pfister hat schon gleich zu Anfang seiner Dienstzeit Mir durch unverschämte, nie zu vergessende Meldungen Beweise gegeben von Mangel an allem Takt; sowie von schauderhafter Ungeschicklichkeit in Geldsachen, wofür er ja da ist; ferner war er fast immer von einer strafbaren Gleichgültigkeit und Konfusion, wenn er Befehle erhielt wegen Bilder, Gegenständen pp; das Allerabscheulichste ist, daß er nicht den pflichtschuldigen Gehorsam und Unterwerfung unter den Königlichen Willen kennt. Blinden, militärischen Gehorsam verlange Ich von einem Diener und Untertan.

Da er Mir so vielen Grund zum Grollen gab, ließ ich ihm ver-

bieten, an Mich selbst zu melden. Wichtiges, befahl Ich, solle er dem Stallmeister für Mich schreiben, anderes dem Mayr. Nun wagte <u>*trotz des königlichen Verbotes*</u> *dieser Mensch Mir jüngst eine Meldung direkt zu senden, was der Gipfel der Frechheit ist, denn er* <u>*durfte*</u> *es ja nicht. Nun aber bleue ihm Gehorsam ein, gehe zu ihm, werde sehr* <u>*grob*</u> *und* <u>*wild*</u> *und schleudere diesem Diener, der nicht gehorchen kann, mit aller Macht Mein Mißfallen, Meine Empörung entgegen.*

Halte ihm vor, wie er durch alles, was in seinen Kräften steht, hätte versuchen sollen, früheres vergessen zu machen; statt dessen lehnt er sich durch Nichtgehorchen noch auf.

Er soll in sich gehen und Buße tun und sich bessern.

28. Mai 1884   Ludwig.«

Ende Juni 1884 wird Pfister, inmitten von Schwierigkeiten und bedrängt von allen Seiten, nach fünfmonatiger Amtsdauer den König um seine Entlassung bitten. Sie wird ihm »gnädigst« gewährt.

Ohnmächtig erlebt der König, wie sich die Menschen und Dinge in seinem Land, das ihn nicht mehr interessiert, gewandelt haben. Aus seiner Abneigung gegenüber dem Volk macht er keinen Hehl. Die Gegenwart hat keinen Reiz für ihn. Ein neues Zeitalter ist angebrochen. Von seinem Land weiß er nicht viel, und da er sich fern der bürgerlichen Welt bewegt, will er auch kein Bürgerkönig sein: Nürnberg, die zweitgrößte Stadt seines Landes, die Stadt der Meistersinger, in die er einst sogar seine Residenz verlegen wollte, hat der König seit fast zwanzig Jahren nicht mehr aufgesucht; von der Fuggerstadt Augsburg, fünfzig Kilometer von seiner Haupt- und Residenzstadt entfernt, sah er während seines ganzen Lebens nicht mehr als die Bahnstation. Mit »unüberwindlichem Widerwillen« und nur noch für wenige Wochen im Jahr kommt er in seine Münchener Residenz, die inmitten einer »unseligen« und »schauderhaften Stadt« gelegen ist. Am liebsten wäre es ihm, »wenn man das verfluchte Nest an allen Ecken anzünden könnte«.

Auf einer Insel des Chiemsees wird er das Schloß Versailles nachempfinden und das längst entzauberte Königtum von Gottes Gnaden für sich ganz allein wie auf der Bühne eines Theaters als

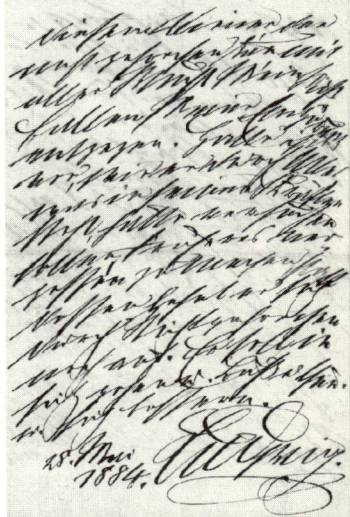

eine Illusion darstellen. Dabei wagt er, den Nerv seiner Zeit zu verletzen: Fern der Gegenwart und im Widerspruch zum Zeitgeist seines Landes, das noch immer den triumphalen Sieg über Frankreich feiert, vergräbt er sich in ein Stückchen Land inmitten eines Sees. Dort will er, der arme Märchenkönig, als wäre er ein mächtiger Monarch, das versunkene Reich des französischen Sonnenkönigs wiedererrichten und die Welt der Bourbonen zu neuem Leben erwecken – während er in Wirklichkeit sich in den Krallen Preußens befindet und befürchten muß, bald nur noch der Präfekt einer preußischen Provinz zu sein.

In all dem Unglück, das ihm sein Leben bereitet, gewährt ihm die Erinnerung an die längst verstorbenen französischen Könige, die seine Hausgötter sind und deren Kult er zelebriert, überreichlich, was ihm die lästige Tagespolitik verweigert. Ludwig II., sonst ein hoffnungsloser Narziß, befiehlt, daß das Schloß allein an die Bourbonenkönige erinnern darf, die er auf den Bildern in seinen Schlössern wie sterbliche Götter drapiert, deren Perücken und pompöse Kostüme er manchmal anlegt und denen er es gerne gleichtut, indem er sein Gesicht hinter Schminke und Puder verbirgt.

Nach seinem Willen soll jetzt alles, was im Schloß Herrenchiemsee an Bayern erinnert, entfernt werden, seien es nun die Löwen an der Balustrade der »Chambre de Parade« oder die bayerischen Rauten auf dem Teppich der »Salle du Conseil«. Und möglichst wenig darf auf den König von Bayern verweisen, der dies alles in Auftrag gab, so daß auch die Gesichtszüge des Apollo, der auf dem Deckengemälde des königlichen Schlafgemachs als Sonnengott Helios in seinem vierspännigen Sonnenwagen triumphiert, nicht Ludwig II., sondern Ludwig XIV. gleichen müssen, dessen Symbol die strahlende Sonne ist.

»Schwoiser soll im großen Schlafgemach«, so schreibt Ludwig, der sich am liebsten hinter Masken versteckt, an Hesselschwerdt, »die Züge des Apollo, dem er die meinigen gegeben hat, in die des Königs Ludwig XIV. (14.) umwandeln. Dafür soll gesorgt werden.« Denn der Sonnenkönig, der Schöpfer und Schloßherr von Versailles – jener fürchterliche König Frankreichs, der einst die Pfalz der Wittelsbacher, das Stammland Ludwigs II., grauenhaft verwüstete – ist jetzt für den bayerischen Landesherrn, der sich nicht gerne einer anderen Krone beugt und niemandem als Vasall folgen will, »der König der Könige« und soll daher der wahre Herrscher von Herrenchiemsee sein.

Voller Verwunderung hat Otto von Bismarck davon gehört, daß den bayerischen Staatsministern die Audienz bei ihrem König verweigert wird. In Preußen wäre dies unvorstellbar – aber in Bayern hat man sich schon längst daran gewöhnt und auch nicht allzu heftig dagegen protestiert, daß der persönliche Vortrag der Minister aufhörte und sie ihre Eingaben und Vorlagen nur noch schriftlich über den Kabinettssekretär oder den Hofsekretär an den Landesherrn richten dürfen. Dadurch gewinnen die beiden höchsten Beamten des königlichen Hofstaates an Einfluß – freilich nur für kurze Zeit, bis ihnen Ludwig II. in seinen letzten Lebensjahren ebenfalls den persönlichen Vortrag am Hof verwehrt und sie Ämter jenseits der wirklichen Macht verwalten werden.

Am Ende seines Lebens umgibt den König nur noch eine seltsame Schar von Lakaien und Bediensteten. »Es ist ein Sumpf in unergründlicher Nacht«, beschreibt ein Augenzeuge die unheimliche und gespenstische Atmosphäre auf Schloß Neuschwanstein, wo die Intrigen und Kämpfe um die Gunst des Königs den Hof beherrschen und die Domestikenwirtschaft fest verwurzelt ist. Der Hofstaat wird von dem allmächtigen und geheimen Chef, dem Feldwebel Hesselschwerdt, angeführt, und unter ihm rangieren – nachdem der Stallmeister Hornig 1885 aus dem königlichen Dienst ausschied – der Kammerlakai Mayr und der Hoffriseur Hoppe, welche die Befehle des Königs zu Papier bringen.

Diener und Knechte, aus der Küche und dem Stall geholt, beruft man in eine wunderliche Nebenregierung. Im Jahr der Königskatastrophe wird diese belanglose Schar von Lakaien, von denen bald viele zu den Gegnern des Königs überlaufen und ihn bei seiner Entmündigung verraten werden, die wichtigsten Staatsgeschäfte zwischen dem König und dem Kabinett abwickeln. In der Nähe der Macht haben die dilettierenden Dienstboten, reich entlohnt, die königlichen Geschicke in ihrer Hand, können Rügen und Verweise an die Minister in München schicken und müssen in Europa und

Asien um neue Kredite für den bankrotten Märchenkönig betteln, der baut und plant, obgleich er die Pfändung seiner Schlösser befürchten muß, während er irgendwo – für Minister und Gläubiger unerreichbar und unauffindbar – in den bayerischen Bergen residiert.

Das Schloß in Linderhof ist vollendet, die Schlösser in Neuschwanstein und Herrenchiemsee befinden sich im Bau. Und als ob dem König all diese menschenleeren Residenzen, die von einigen wenigen Kammerdienern und Lakaien bevölkert sind, nicht genügen, will er in seinem Planungsrausch und in aller Hast die bisher aufgeschobenen neuen Ideen, die ihm am Herzen liegen, so schnell wie möglich verwirklichen.

Der König hat sich ein ganz neues phantastisches Projekt ausgedacht – es ist sein letzter großer Traum, noch kühner und ausgefallener als Neuschwanstein. Seine Absichten verschleiernd und ohne das Hofsekretariat einzuschalten, hatte er bereits am 16. Mai 1884 klammheimlich und unbemerkt über den Strohmann Hermann Gresser – bald wird auch er am königlichen Hof zu hohen Ehren kommen – die Burgruine Falkenstein bei Pfronten am Nordrand der Allgäuer Alpen gekauft, und hinter dem Rücken seines Hofsekretärs Pfister beauftragt er Max Schultze, den Oberbaurat von Thurn und Taxis aus Regensburg, sogleich mit den Planungen zu beginnen.

Es soll eine Burg ganz allein für den König entstehen – im Erdgeschoß sind nur die nötigsten Dienstwohnungen geplant, Räume für den Hofstaat oder Besucherzimmer gibt es nicht. Das neue Projekt konzentriert sich auf einen am Nordflügel der Burganlage entstehenden Kuppelraum, der einer byzantinischen Kirche gleicht. Von Entwurf zu Entwurf erhält dieser Dom auf Drängen des Königs immer mächtigere Dimensionen, bis er in den letzten Plänen mit seinen zwei Stockwerken fast die ganze Burg einnimmt und einem mächtigen, kirchenartigen Tempel ähnelt. In der halbrunden Kirchenapsis führen vier Stufen auf ein großes Podium, über dem sich ein auf Säulen ruhender prachtvoller Baldachin wölbt, der dem Ziborium einer Kirche nachgebildet ist, und an der Stelle, wo sonst der Altar oder der Thron steht, prunkt auf dieser Bühne das Bett des Königs, das Heiligtum der Burg und das Herzstück dieser theatralischen Illusion. Am Fußende des Bettes zeigen die Reliefs die Verkündigung an Maria und die Auferstehung, während an den Wandfresken neben den Heiligenfiguren die Tugendallegorien und Liebespaare aus der Opernwelt Wagners abgebildet sind. Der Waschtisch des königlichen Schlafgemachs ist in diesem Sakralkitsch dem Tabernakel der Markuskirche in Venedig nachgebildet.

An diesem geheimnisvollen Ort, in dieser Gralshalle auf dem steilen Felsen von Falkenstein – an der Grenze zu Tirol und an einem weltentlegenen Ende seines Königreichs gelegen, weit entfernt von dem namenlosen Jammer des Hofes – sollen die Träume des Königs von seiner wundersamen Scheinwelt Wirklichkeit werden. Aus den leidigen und banalen Staatsgeschäften will er sich davonstehlen und aus der realen Welt in das erträumte Reich seiner grenzenlosen Sehnsüchte entrinnen, in dem allein er glücklich werden kann.

Ludwig II. lebt in einer Epoche der Weltgeschichte, in der ihm, der stets den Frieden wollte, politisch nicht viel glücken konnte. So ist die Kunst für den König, dem die Last des Amtes zuviel wird, sein einziger Traum, und dieser Traum hilft ihm, der weder ein Held noch ein Heiliger ist, das Leben zu ertragen. Ludwig II. ist ein unvergleichlicher und vollkommener Bauherr, der sich zum Kummer der Künstler auch noch um die kleinsten Details seiner Projekte kümmert:

»... lasse das Austrocknen der Räume«, schrieb er während der Bauarbeiten in Herrenchiemsee im Januar 1884 an Hesselschwerdt, *»recht betreiben und nicht minder die Abbildungen für die so schwierigen Porzellangegenstände (Consoltische mit Blumen und Vögeln, Girandolen und Lüster mit den Blumen nach Vorschrift, Spiegelumrahmungen mit Palmen und Früchten und Blüten tragenden Orangenbäumen); es ist keine Zeit damit zu verlieren.*

Später als im August darf der nördliche Flügel nicht vollendet sein und der jetzt stehende Teil muß verputzt sein, treibe recht wegen der Waffentrophäen und Vasen, die hinaufkommen. Also

*für das Neue (ganz besonders für die kleine Galerie, Eck- und
Wachzimmer und Flügelanbau) einen anderen als Dollmann.
    Auf Wiedersehen am Mittwoch. Dir Alles, teurer Karl, noch-
mals vertrauensvoll an das Herz legend, umarme ich Dich*

   den 28. Januar 1884   Ludwig.«

Trotz all der Finanznöte, die ihn erdrücken, hat er auch die anderen
phantastischen Pläne nicht aufgegeben. Sie sind gigantisch: Er will
die orientalische Märchenpracht seiner maurischen Pavillons über-
treffen und befiehlt dem Hofarchitekten Julius Hofmann, ein großes byzantinisches Schloß in der Verlassenheit des Graswangtals
bei Linderhof zu planen, und dann will er inmitten der Gebirgswelt
– in Tirol auf österreichischem Gebiet – am einsamen Plansee noch
ein chinesisches Schloß im Stil des Kaiserlichen Winterpalastes
Pekings projektieren lassen. Und während er sich all die orienta-
lischen und fernöstlichen Projekte als Symbole und Manifestati-
onen seines Königtums ausdenkt und Traum und Wirklichkeit ver-
wechselt, sind noch nicht die Weihnachtsbescherungen des vorigen
Jahres bezahlt und liegen schon die Lieferantenrechnungen für die
diesjährigen Weihnachtsgeschenke auf dem Tisch seines Hofsekretariats.

Die Königskatastrophe 1886

Bankrott

Gegen Ende des Jahres 1885 wird es immer deutlicher: Ludwig II. ist zahlungsunfähig. Da erhofft man sich am Hof ein Darlehen von zehn Millionen Mark, für das keine »weitere Sicherheit als die Hypotheken auf zwei königliche Schlösser« zu bestellen wäre. So schreibt es jedenfalls im Dezember 1885 ahnungslos Ludwig Klug, der einige Tage zuvor noch Sekretär beim Hoftheater war und plötzlich zum provisorischen Leiter der Kabinettskasse aufstieg, voll Freude, denn er hat noch nicht verstanden, daß Verpfändungen und hypothekarische Absicherungen – welche nichts anderes als die Versteigerung oder den freihändigen Verkauf der königlichen Schlösser ermöglichen – und auch die Forderung nach Ordnung des Haushalts den König am stärksten verärgern würden.

Schon manches Mal dachte Ludwig II. in einer Stimmung tiefer Entmutigung darüber nach, in ein fernes Land zu fliehen, und drohte, das ererbte Land, das seit 700 Jahren seinen Vorfahren gehörte, zu verkaufen, zu tauschen oder zu verschenken. Bereits in den 70er Jahren war Geheimrat Franz von Löher, Direktor des bayerischen Reichsarchivs, im königlichen Auftrag auf Reisen geschickt worden, um »für Seine Majestät weit entfernte Gegenden von stiller, erhabener Natur« zu bezeichnen, da »Allerhöchst dieselben zu Abdication und Auswanderung entschlossen seien«.

Irgendwo müßte doch für Ludwig ein Fleck Erde zu finden sein, wo er die Utopie seiner Königsidee verwirklichen, wo er befreit von den Fesseln eines nörgelnden Parlaments und unbehelligt von bürokratischen Behörden regieren und den verlockenden Traum einer unumschränkten Herrschaft erleben könnte – ein arkadisches und glückseliges Land oder wenigstens ein kleines einsames sonniges Inselparadies, um aus dieser unbehaglichen Welt auszusteigen.

Löher hatte auf Kosten der königlichen Hofkasse die halbe Welt bereisen dürfen. Als er nach seinen monatelangen Expeditionen zurückgekehrt war, hatte der gewissenhafte und treue Archivdirektor eine lange Liste von Ländern und Territorien zur Auswahl vorgelegt, in denen sich der König von Bayern niederlassen könnte: angefangen von den kleinen und nahe gelegenen Inseln Samos, Mallorca und Rügen bis zu den Kanarischen Inseln, den Philippinen und den Samoa-Inseln in der paradiesischen Südsee, und nicht zuletzt hatte er Ägypten, Afghanistan und die Täler des Hindukusch erwähnt, die seiner Meinung nach am annehmbarsten waren – hauptsächlich, »weil bei diesen Ländern allein die Entfaltung eines größeren Herrscherglanzes möglich erscheint«.

Auf ähnlich irre Ideen, die man dem Landesherrn damals mit Mühe ausredete, kommt Ludwig jetzt wieder zurück. Nur wenn ihm die Untertanen all seine Wünsche erfüllen, will er von solchen Abenteuern Abstand nehmen und die Krone Bayerns nicht niederlegen.

Es sind freilich leere Drohungen geworden, die kaum jemanden noch aufregen oder gar erschrecken. Der König, der zum Ärgernis geworden ist, kann es sich nicht vorstellen, daß mittlerweile die politischen Führer der Regierung Bayerns und des Wittelsbacher Hauses nichts sehnlicher herbeiwünschen als seine Abdankung. An seinen Hofsekretär schreibt er indessen:

»Lieber Rat Klug!
Ich binde Ihnen auf die Seele, dafür zu sorgen, daß es jetzt in Wahrheit endlich vorwärts geht, und Sie das Verlangte herbeischaffen und zwar in kürzester Zeit. Ich verlasse Mich darauf, daß Sie schleunigst das herbeischaffen, wodurch jenes Äußerste ganz entschieden vermieden wird ...
25. 1. 86   Ihr wohlgewogener König Ludwig

P. S.
Anknüpfend an das vorhin Geschriebene erkläre ich, daß, wenn wirklich, was ich nicht hoffen will, das Vergreifen an Königlichem Eigentum sich ereignen würde, ich mich entweder töten oder sofort das verhaßte Land, in welchem dies Schauderhafte

geschah, für immer verlassen würde. Die ganze Wucht der Schuld fällt dann auf die, welche durch rechtzeitiges Verhindern jenes Vergreifens jenem Unglück nicht vorgebeugt haben. – Unbedingt hat dies also zu geschehen, schon um meiner Ruhe willen.

> Ludwig.

Dies, wodurch das eben Erwähnte herbeigeführt würde, muß treuen Untertanen zu verhindern gelingen!!«

Einen Tag später wendet sich der König an den Innenminister, den einzigen Minister in seiner Regierung, dem er noch traut:

»Mein lieber Minister des Innern, Freiherr von Feilitzsch!

Durch die Nachlässigkeit meiner Hofsekretäre, besonders des letzten, des Schand-Gressers, der sich sogar unterstanden hat, mir ganz falsche, schamlos lügnerische Versicherungen zu geben, wurde der Ihnen bekannte fatale Zustand der Kabinettskasse herbeigeführt. Zu diesem strafbaren Unrecht, das mir gegenüber begangen wurde, gesellt sich noch zu allem Überfluß das weitere, daß in der Presse und in Gesprächen man vielfach gewagt hat, in der schändlichsten Weise sich über diese Angelegenheit auszulassen. Fest verlasse ich mich nun auf Sie, mein lieber Freiherr von Feilitzsch, daß Sie Alles aufbieten werden, gegen diesen schandmäßigen Unfug mit Erfolg einzuschreiten.

Das Allerärgste aber wäre es und diesem vorzubeugen lege ich Ihnen ganz besonders dringend an das Herz, wenn nicht einmal die Summe aufgetrieben würde, die nötig ist, um das Vergreifen an meinem Eigentum zu verhüten; denn würde dies nicht verhütet, so würde mich dies derart empören, daß ich entweder mich töten oder jedenfalls das schändliche Land, in welchem dies Schauderhafte geschah, sofort und für immer verlassen würde. Diesem vorzubeugen, muß doch treuen Untertanen gelingen. Seit der beklagenswerte Zustand in der Kabinettskasse herbeigeführt wurde und die Stockung bei meinen Bauten, an welchen mir so unendlich viel gelegen ist, eingetreten ist, ist mir die Hauptlebensfreude genommen, alles Andere ist gegen diese verschwindend. Ich appelliere an Ihre Anhänglichkeit an mich, an der ich Gott sei Dank bisher zu zweifeln keinen Grund hatte, damit Sie, mein lieber Freiherr von Feilitzsch, dazu beitragen, mich aus dieser fatalen Situation zu befreien.

Wenn die anderen Minister gar nicht bestrebt sind, mir, wie ich es erwarte, zu dienen, so muß ich es genau erfahren, um <u>andere Minister zu nehmen</u>. Unter der Regierung meines Großvaters, des Königs Ludwig I., kam es vor, daß 20 Millionen aus den Überschüssen für Seine Bauten verwendet werden konnten. Wenn ich nun das Gleiche für ›einmal‹ beanspruche, so muß dies, wenn mit Eifer vertreten, doch auch für mich zu ermöglichen sein und so, daß lästige Bedingungen nicht gestellt werden, was dem König gegenüber, der einmal dies verlangt, entschieden unwürdig und verwerflich wäre.

Wäre nur, gesetzt den Fall, die Summe, welche zur Deckung der Rückstände erforderlich ist, zu erlangen und nicht die, welcher ich zum Weiterbauen so dringend bedarf, so würde mir hiermit nicht im Geringsten gedient und geholfen sein. Ich fordere Sie daher nochmals <u>dringend</u> auf, Alles aufzubieten, um zur Erfüllung meines sehnlichsten Wunsches beizutragen und widerstrebende Elemente zum Schweigen zu bringen. Sie würden mir geradezu das Leben aufs Neue geben, nie würde ich es Ihnen vergessen, immerdar Ihnen erkenntlich dafür sein und es Ihnen durch die Tat beweisen!

Mit Ihnen bekannten Gesinnungen besonderen Wohlwollens und Vertrauens, bin ich, mein lieber Freiherr von Feilitzsch!

Ihr sehr geneigter König
den 26. Januar 86.   Ludwig.«

Seit Beginn der Regierung des Königs kann Hesselschwerdt das Leben Ludwigs aus nächster Nähe beobachten. Er ist ein williges Werkzeug der königlichen Launen und buhlt all diese Jahre um die Gunst (und nicht wenig auch um das Geld) des Königs. Infolge der verworrenen Finanzlage und des drohenden Konkurses des Königs wird es Anfang 1886 freilich immer sinnloser, seine Befehle zu befolgen.

Hesselschwerdt trägt dem Flügeladjutanten Alfred Graf Dürck-heim-Montmartin auf, er möge sich im königlichen Auftrag wegen eines Kredits von zehn Millionen Mark nach England zum Herzog von Westminster, zu Hugh Lupus Grosvenor, begeben. Da denkt der Graf zu Recht, diese armselige Bettelreise schade der bayeri-schen Krone bestimmt mehr, als daß sie nutze, und man möge es dem König doch schon heute ausrichten – wobei freilich Hessel-schwerdt gleich zu bedenken gibt, er selbst sei heute im Auftrag des Königs wegen eines ähnlichen Kredits eigentlich in Neapel, und weil auch diese Reise nicht viel bringe, sei er gleich in München ge-blieben, und erst am Mittwoch kehre er offiziell aus Italien zurück, und dann werde er dem König melden, in Neapel sei genausowenig etwas zu holen wie in Westminster.

Anfang 1886 geben die Ministerien dem König zu verstehen, für die königlichen Finanzen gelte nichts anderes als für jeden anderen Haushalt: Zunächst werden die Einnahmen und Verbindlichkeiten genau festgestellt, und dann sind die Ausgaben nach den Einnah-men auszurichten. Daher müsse der König seine Bauten einstwei-len einstellen, und sollte er versuchen, die Volksvertretung zu einer Bewilligung von öffentlichen Geldern zu bewegen, dann werde dies »mit einer Niederlage enden, durch welche das Ansehen der Krone auf das schwerste geschädigt würde«.

So stocken die Bauarbeiten und kommen zum Stillstand – und schon denkt der König in seiner Ungeduld fieberhaft darüber nach, mit neu angeworbenen, fremden Arbeitern heimlich die begonne-nen Bauten weiterzuführen. Nichts von dem, was er sich erträumt, erhofft und ersehnt, will er aufgeben. Und überdies hat sich eine mysteriöse Finanzgruppe gegenüber seinem Kammerdiener Adal-bert Welker am 13. März bereit erklärt, die verwickelten Finanzen des bayerischen Königs zu ordnen: Ein gewisser Kleeberg, Direk-tor bei der Frankfurter Versicherungsgesellschaft, glaubt fest daran, bei befreundeten Persönlichkeiten und nahestehenden In-stitutionen eine Anleihe von zwanzig Millionen Mark einsammeln zu können – eine Summe, die auf einen Schlag ausreichen würde, um sämtliche Schlösser zu Ende zu bauen und zugleich alle notlei-denden Altkredite zu bedienen.

Die Ministerien in München mißtrauen dem Millionenspiel des Versicherungsdirektors aus Frankfurt. Im Vorjahr haben sie schon einmal einen ähnlichen Plan derselben Finanzgruppe hintertrieben und durchkreuzt, so daß der König recht heimlich auf die neue Offerte, in der manches in ein geheimnisvolles Dunkel verhüllt ist, zu reden kommt, bei der die Zinsen auf die Altkredite nicht gleich zu bezahlen wären, sondern – da es sich um eine Umschuldung handelt – den künftigen Tilgungsraten des neuen Gesamtdarlehens zugeschlagen und damit erst viel später fällig werden.

Der König will das Angebot auf alle Fälle annehmen. Er fordert Kleeberg auf, den Kreditvertrag »um jeden Preis abzuschließen«. Kleeberg erklärt sein Einverständnis – aber dieser Brief wird dem König, dessen Post inzwischen überwacht wird, nicht mehr zugestellt. Da drängt Ludwig II., der sich über die ausbleibende Antwort wundert, Hesselschwerdt, das verlockende Finanzgeschäft unbedingt voranzutreiben; und hinter dem Rücken der Gläubiger sollen auch die Bauarbeiten weitergeführt werden:

»... Jetzt ist es leicht, hinterher zu sagen, daß die Zinsen nicht gezahlt werden können, es hieß sonst ganz anders. –

Jedenfalls muß doch weniger wenigstens zu erhalten sein, so daß Hofmann mit fremden Arbeitern unter der Hand das verhältnismäßig wenige, was in Linderhof fehlt, vollenden lassen kann. – Mit Klug sprich aber gar nicht darüber.

Zerbrich dir den Kopf wegen der anderen Art, du verstehst, wo die Zinsfrage ganz wegfällt, später zurück. –

Hoffentlich geht es dir besser! –

(Verbrenne dies natürlich.)   Ludwig

Am 23. März schalten die Minister den berühmtesten Irrenarzt des Königreichs ein: Professor Dr. Bernhard von Gudden. Er soll Mittel und Wege finden, den Landesherrn zu entmündigen. Man befürchtet, daß die hohen Privatschulden des Königs den Thron und die Dynastie bedrohen und die Staatskasse ruinieren, denn die neue Finanzgruppe um Kleeberg, welche künftig die gesamten Finanzen des Souveräns abwickeln möchte, könne die Anhänglichkeit und Treue des bayerischen Volkes zum »vielgeliebten Herrscherhaus« der Wittelsbacher ausnutzen und die Regierung und das Parlament letztlich doch zwingen und erpressen, für die notleidenden Kredite ihres unberechenbaren Monarchen aufzukommen.

Der Kammerdiener Adalbert Welker, der die Verhandlungen mit Kleeberg führt, gehört inzwischen – ebenso wie Hesselschwerdt – zu den Vertrauensleuten der Regierung, welche alles Verdächtige nach München berichten. So schreibt Kleeberg empört an Bismarck, man treibe mit dem König von Bayern ein »eigentümliches Spiel«, und er sei überzeugt, »daß unerhörte Intrigen gegen diesen deutschen Fürsten, dem das ganze deutsche Volk zu Danke verpflichtet ist, im Werke sind«.

Der König, der noch immer auf die Antwort Kleebergs wartet, ist gegenüber Welker argwöhnisch geworden und läßt ihn in Ungnade fallen. Wie so oft hat Karl Hesselschwerdt, dessen phantasievolle Einfälle der König so sehr schätzt, eine besondere Strafe auszudenken, die Seine Majestät um so mehr zufriedenstellt, je bizarrer sie ausfällt:

»Bedenke, daß je strenger der Strafvorschlag für den elenden Welker ausfällt, um so eher du damit erreichen kannst, daß Mein Unwillen gegen dich, zu dem du Mir vielen Grund gegeben hast, nachläßt.

Schone dich und mache, daß du bald wieder wohl bist. –

Ludwig.«

Hesselschwerdt, der Listenreiche, dem der König nach wie vor vertraut, wenngleich er in den letzten Wochen nicht mehr den früheren Eifer zeigt und sich des öfteren krank meldet, schlägt eine ausgefallene Strafe vor: Den Kammerdiener soll man nach Amerika verschleppen und ihm Spione nachschicken, die ihn dort überwachen. Und da jeder außer dem König weiß, daß niemand den Vollzug der Strafe von München aus überwachen kann, ist dem glücklichen Adalbert Welker die volle Freiheit gewährt.

Obwohl die Kreditgesuche des Königs, der sich vor seinen Gläubigern nicht mehr retten kann, im Sande verlaufen, will er seine

Pläne und Projekte weder aufschieben noch auf sie verzichten. »Nichts von Einstellung, nichts von Einschränkung der Bauten« will er wissen.

Früher erhoffte er sich die fehlenden Finanzmittel von bayerischen Untertanen – vom steinreichen Fürsten Thurn und Taxis in Regensburg oder vom Maschinenbauer Cramer-Klett in Nürnberg oder vom Bleistiftfabrikanten Faber in Stein bei Nürnberg.

Da diese schon längst ihre Taschen vor den Begehrlichkeiten ihres Landesherrn zuknöpfen, erbettelt er sich jetzt die dringend benötigten Gelder von Fürsten und Bankiers in ganz Europa. Ludwig II. sucht das Geld, wo immer es zu vermuten ist. Vor einiger Zeit berichtete man ihm, daß der Bankier Ladenburg 26 Millionen besitze. Da »muß doch«, schrieb er an Hesselschwerdt, »etwas zu erreichen sein, wenn es geschickt gemacht wird. Sei eifrig!!! –«

Und bald denkt der König, wenn jemand wie der Prinz Wilhelm von Württemberg, der künftige König von Württemberg, heirate, dann könnte dieser doch leicht aus der Mitgift seiner Gemahlin, die dem wohlhabenden Haus des Fürsten von Schaumburg-Lippe entstammt, etwas für den König von Bayern abzweigen:

> *»... Ich las gerade jetzt, daß der Fürst von Lippe, Adolf Georg, dessen Tochter gestern den Prinzen Wilhelm von Württemberg geheiratet hat, 300–400 Millionen besitzt, wie leicht könnte dieser etwas hergeben. – Diesen darum angehen lassen. Mache es geschickt und prompt.«*

Während man schon überall von unglaublichen Merkwürdigkeiten am Hof des Königs von Bayern munkelt, träumt er davon, notfalls die dringend benötigten Gelder in Monte Carlo vom dortigen Fürsten zu bekommen, oder er hofft auf Retter aus exotischen Ländern, wo es nach Geld riecht und wo man vielleicht von den obskuren bayerischen Verhältnissen noch nichts gehört hat: Ludwig, der so oft seiner Zeit enteilt und die Kapitalmärkte der ganzen Welt nutzen möchte, denkt an einen steinreichen Maharadscha in Indien und an den türkischen Sultan Abd ul Hamid II. in Konstantinopel.

Die Höflinge treiben mit dem ahnungslosen und lebensfremden

König ein schäbiges Spiel. Um ihn hat sich eine Mauer von Dienern gebildet, die seine unendliche Naivität ausnutzen und ihn, der immer weniger die Fakten und die Wünsche nüchtern voneinander trennen kann, in derben und dreisten Schelmenpossen mit Unwahrheiten bedienen: Als man ihm in diesem Spektakel vorschwätzt, es lebe im fernen Persien der reiche Schah Muzaffer ed Dîn Mirza, ein wahrer Krösus und Geldmagnat, der all die gewünschten Millionen geben könne, ist sein Interesse geweckt, denn er glaubt, in jedem Augenblick könne ein Wunder geschehen, und so muß gleich ein Bediensteter aus der königlichen Stallhaltung die weite Reise in das ferne asiatische Land antreten.

Der Schah, der sich »Mittelpunkt des Weltalls« nennen läßt, ist dabei, sein Land den europäischen Geschäftsleuten weit zu öffnen, aber er denkt nicht im Traum daran, seinen Reichtum mit dem kleinen bankrotten Bettelkönig aus Bayern zu teilen.

Indessen wird Ludwig II. ungeduldig und erinnert Karl Hesselschwerdt nochmals an die längst erteilten Befehle: »Ich habe damals nicht nur von Monte Carlo, sondern auch Indien und Persien dir suchen zu lassen aufgetragen und Konstantinopel.«

Der nach Asien geschickte Kurier erkennt die Sinnlosigkeit seines Auftrags und bleibt lieber gleich in München. Nach der für den Ausflug nach Persien geplanten Zeit erscheint der Scharlatan in Hohenschwangau. Weil er weiß, daß im Leben Frechheit fast immer siegt, schildert er dem König, der – hilflos und von allen verlassen – die Verwechslung von Theater und Leben nicht mehr erkennt, eine wunderschöne orientalische Märchengeschichte: kurz vor seiner Ankunft in Persien sei der Schah an Cholera gestorben, und weil der Nachfolger und Erbe dem Irrsein verfiel, stehe dieser arme persische Prinz unter Vormundschaft, daher sei derzeit begreiflicherweise in Asien nichts für den bayerischen König zu erreichen.

Nicht ohne weiteres ist es zulässig, die trivialen Ideen und all die dummen und lächerlichen Befehle, die Ludwig seinen Lakaien aufträgt, als Folge seines angeblichen Wahnsinns aufzufassen. Eher erkennen wir darin seine Weltfremdheit, die ihn an Fiktionen glauben läßt und ihm mehr und mehr zum Verhängnis wird. Man lügt ihn an, und vielleicht belügt er sich und weiß es und hat Lust daran. Er war nie ein Kind – und es scheint manchmal, als sei er nie erwachsen geworden.

Es ist auffallend, wie schlecht er die Welt kennt und wie weit er sich vom wirklichen Leben entfernt, nachdem er – seit dem unglücklichen Jahr 1870 – mehr und mehr das Interesse an der Politik verloren hat. Er kümmert sich kaum darum, mit Politikern und Finanzleuten zu verkehren. Weite Fahrten und Reisen scheut er. In seinem ganzen Leben waren es nur sechs Reisen, die ihn ins Ausland führten. Stets waren diese Fahrten privater Natur, und nach kurzer Zeit, manchmal schon nach vier Tagen, kehrte er nach Bayern in seine Berge zurück. Viel lieber wandert er in seinen Gedanken an imaginäre Orte und in vergangene Zeiten, und es genügt ihm eine Scheinwelt aus der Vergangenheit, die er sich in den Kulissen seiner Theater und Schlösser historisch präzise aufbauen läßt.

Da er zum Bedauern seines Großvaters Ludwig I. sich nicht für die antike Welt begeistern kann, reist er kein einziges Mal nach Griechenland, denn, so entschuldigt er sich mühsam, »die von der glühenden Sonne versengten Gefilde Hellas denke ich mir eher abstoßend denn anziehend«. Nicht ein einziges Mal kommt er nach Italien, und außer Paris sind ihm alle europäischen Hauptstädte fremd geblieben: Nie in seinem Leben fährt er nach Wien oder Berlin, und selbst den wichtigsten deutschen Politiker seiner Zeit, Otto von Bismarck, der die Geschichte Deutschlands und auch die Bayerns prägte und den er immer wieder um Hilfe anfleht, traf Ludwig nur ein einziges Mal. Er war damals noch Kronprinz, knapp 18 Jahre alt. Bismarck schildert die merkwürdige Begegnung auf Schloß Nymphenburg bei München:

»*Ich hatte den Eindruck, daß er mit seinen Gedanken nicht bei der Tafel war … ich hatte das Gefühl, daß die Umgebung ihn langweilte und er den von ihr unabhängigen Richtungen seiner Phantasie durch den Champagner zu Hilfe kam. Der Eindruck, den er mir machte, war ein sympathischer, obschon ich mir mit einiger Verdrießlichkeit sagen mußte, daß mein Bestreben, ihn als Tischnachbar angenehm zu unterhalten, unfruchtbar blieb.*«

In der verzweifelten und ausweglosen Finanzlage, in der er sich im Frühjahr 1886 befindet, wendet sich Ludwig, wenngleich er den politischen Ambitionen Preußens seit jeher mißtraut, wieder einmal an Otto von Bismarck, an seinen Tischnachbarn, den er damals vor 23 Jahren in Nymphenburg so wenig beachtete und hofierte. Aber auch der Reichskanzler, der sich so massiv um die bayerischen Belange kümmerte, wenn es ihm nützlich oder notwendig erschien, hat den König von Bayern inzwischen aufgegeben. Bismarck denkt nicht daran, die Schulden des bayerischen Bittstellers zu regulieren. Er schreibt ihm:

»Berlin, 14. April 1886.
Allerdurchlauchtigster König,
Allergnädigster Herr!

Aus dem huldvollen Schreiben vom 6. dieses Monats habe ich mit tiefer Betrübnis die Schwierigkeiten erseh'n, denen gegenüber Eure Majestät meine Mitwirkung in Anspruch nehmen. Ich bin den Möglichkeiten, welche sich hier zur Erfüllung der Allerhöchsten Wünsche bieten, ohne Verzug nähergetreten und fand die hiesigen Finanzkreise bei meinen vertraulichen Sondierungen mit der Situation bekannt ...

Der Wunsch Eurer Majestät, das Begonnene zu vollenden, wird auf keinem anderen Wege als durch den Landtag erfüllbar sein. Aus jeder anderen Quelle wird das Geld nur gegen Sicherheiten zu erhalten sein, die nicht zur Verfügung stehen, und nur gegen die Zusage, daß die Mittel zur Verzinsung und Amortisation durch Verzicht auf weitere Bauten beschafft werden ...

In tiefster Ehrfurcht ersterbe ich
Eurer Majestät alleruntertänigster Diener
v. Bismarck.«

Der Reichskanzler, stets überaus gut informiert und in die innersten Geheimnisse der bayerischen Politik und das undurchsichtige Geflecht des königlichen Hofs eingeweiht, weiß, daß die parlamentarischen Kammern Bayerns staatliche Mittel für die privaten Launen und Liebhabereien des Königs nie und nimmer genehmigen werden. Den Brief Bismarcks, in dem nicht allein das geschriebene Wort gilt, kann man Zeile für Zeile lesen oder auch zwischen den Zeilen. Ludwig liest ihn auf seine Weise – und mißversteht den Text gründlich.

Er schöpft neue Hoffnung. In der Notlage, die ihn bedrängt, möchte der König sogar den früheren Kabinettssekretär Friedrich von Ziegler, den er vor drei Jahren unter bösen Beschimpfungen entlassen hatte, wieder zu sich holen; mit königlichen Ehren und den höchsten Ämtern will er ihn überhäufen, und auch Hesselschwerdt, der noch nie uneigennützig arbeitete, dessen Habgier der König kennt und von dem er weiß, daß er sich seine zwielichtige Arbeit stets auch gut bezahlen läßt, soll nicht leer ausgehen. An ihn schreibt der König:

>*Lies diesen sehr vernünftigen Brief von Bismarck und lasse ihn Ziegler lesen. Er muß die Sache noch erzwingen! Biete alles, alles auf. Die damalige Ungnade hat Ziegler sehr verdient. Alles wird vergessen, wenn er es zu Stande bringt. Also sofort Reichsrat, wenn es ihm gelingt, hoher Orden und, wenn er Lust hat, Minister. Verschaffst Du die ganze Summe, die ich, wie Du weißt, brauche, erhältst Du die 20000 sofort. –«*

Mit Riesenschritten geht die Hofkasse dem Bankrott entgegen. Während die königlichen Kassen leerer werden, die Schulden ins Unermeßliche anwachsen, während die Bettelgänge zum europäischen Hochadel und die in alle Welt verstreuten Bittgesuche um neue Kredite fehlschlagen und fast jede Woche die Zeitungen in Bayern und inzwischen sogar die Börsenblätter in Berlin und Wien über seine zerrütteten Finanzen berichten, lädt der König die eigene Schuld an den Schwierigkeiten stets den anderen auf – jenen geizigen und nörgelnden Pfennigfuchsern und ewigen Sanierern und Spielverderbern, die ihn nie verstehen und die ihm in ihrem Kleinmut jedes seiner neuen hochfliegenden Projekte schlechtmachen und ausreden wollen.

Im Sommer 1884 war auf Pfister im Amt des Hofsekretärs der pensionierte Oberleutnant Hermann Gresser gefolgt. Er ist ein Sohn des früheren Kultusministers Franz von Gresser. Ohne besondere Kenntnisse des Finanzwesens und ohne jeden Rückhalt beim König mußte sein Wirken genauso fruchtlos bleiben wie das seiner Vorgänger. Im April 1886 schreibt Ludwig an Hesselschwerdt, der seinerzeit Gresser empfohlen hatte:

»Ich will hoffen, daß Du am 25. April kommen kannst. –

Ich habe die unausstehlichen, stets unangenehmen Kasse und Geld-Meldungen <u>satt</u>. Fertig damit.

Gresser ist ein gewissenloser, leichtsinniger Mensch. Dein Herausstreichen von allem verwünsche Ich.

Es ging ganz und gar nicht bei den Kassesachen mit rechten Dingen zu, Dein entschuldigendes Geschwätz war falsch und will Ich <u>nie</u> mehr hören. Aus dem, was Mayer Dir zu schreiben hatte, hast du es sehen können. Gehorche stets und behellige Mich <u>nie</u> mit Deinen Ansichten, an denen Ich genug habe. –

Ludwig .«

Niedergang

In den letzten Monaten von Ludwigs Regierungszeit ist Hesselschwerdt, der sonst immer in der Nähe des Königs war, auffallend oft abwesend. Der König ist verstimmt, grollt dem Freund und zeigt sich mit dessen Arbeit zunehmend unzufrieden. Nachdem der Chevauleger Wilhelm Rutz in den Augen des Königs eine dienstliche Verfehlung beging und bestraft werden soll, ruft der König eindringlich nach Karl Hesselschwerdt, der vom Hof verschwunden ist, sich in München aufhält und keinerlei Lust verspürt, zum königlichen Freund nach Neuschwanstein zurückzukehren. Er läßt sich mit dürren Worten und faden Begründungen entschuldigen. Der König befiehlt:

»*Jetzt in vollster Strenge zu dem Schand-Rutz sprechen. Gar nichts, selbst wenn er es aufschreibt, richtet er aus, wie es sein muß. Meine Verachtung ihm entgegenschleudern und Mein grenzenloses Mißfallen … Hesselschwerdt sehr einschüchtern, muß jetzt machen, kommen zu können.*«

Und nochmals verdammt der König jenen »Schand-Rutz«, der als Fünfjähriger am 25. September 1871 bei der denkwürdigen, eigens für den König anberaumten Separataufführung des Passionsspiels in Oberammergau als »Adamskind« mitwirkte und später lange Zeit als Bürgermeister von Oberammergau amtieren wird:

»*Da Rutz so schändlich schlecht sich aufgeführt hat, will ich nichts von ihm wissen, 14 Tage Milch … Einen für den 1. Dienst in Vorschlag bringen, Rudolph vorderhand nicht. Rutz Meinen vollsten Abscheu aussprechen, das kann er durch nichts mehr gut machen …*

Eigens 3mal extra anspeien, weil er so gemein war, das Befohlene nicht aufzuschreiben.«

Der König verweigert sich den Ärzten, und nur wenn er die Schmerzen an seinen kranken, faulenden Zähnen nicht mehr ertragen kann, läßt er Böhm holen, jenen »flegelhaften, hausknechtartigen« Zahnarzt, den er dann jedesmal beschimpft, als hätte er beim Verplomben der königlichen Zähne ein Majestätsverbrechen begangen:

> *»Böhm gleich schreiben, daß er so schlecht neulich wieder seine Sache machte, nach wenigen Tagen schon nicht mehr hielt. <u>Derb</u> vorhalten. Es ist sehr schlecht, daß ihm das wegen seinen flegelhaften Manieren nicht besser ausgetrieben wurde, denn neulich in Berg war er wieder hausknechtartiger als je. Man müßte ihm dies mit Erfolg austreiben, geschah eben so viel wie je.*
>
> *Nochmals Schand Rutz scharf an den Ohren zerren, wenig essen lassen.«*

Am königlichen Hof spielen sich wie in einem Narrenkäfig burleske Szenen ab. Es verschafft dem König Befriedigung, wenn er die Kammerdiener demütigt und wenn sie all diese Rituale über sich ergehen lassen und draußen, vor der verschlossenen Tür stehend, ängstlich und eingeschüchtert die Befehle Ludwigs entgegennehmen, um dann durch Kratzen an der Tür anzuzeigen, daß sie den Auftrag verstanden haben.

Der König, der politisch gescheitert ist, pocht auf seine Macht und Würde. Entsprechend den Ehrfurchtsbezeichnungen des neu eingeführten chinesischen Zeremoniells, das er eingehend studiert, dürfen die Lakaien ihm nicht mehr ins Gesicht blicken und müssen tief gebückt vor ihm stehen. Den Chevauleger Häusler, der wagte, dagegen zu verstoßen, bestraft der König, der die Macht genießt, die ihm sein Stand gibt, als möchte er in diesen komisch-grotesken Situationen erfahren, wie weit sich der Mensch erniedrigen läßt:

> *»Der Elende verdient gar nicht, kommen zu dürfen. Außer dem anderen Schlechten hatte er die Frechheit (und weiß doch längst, daß es untersagt ist), aufzuschauen und so hinauszugehen, ihn daher ein paar Sekunden (dies schadet nichts) drunter zu halten und ihm den Kopf unsanft an die Wand zu stoßen, die drei Tage*

lang muß er, so oft er vor Mich hintritt (außer beim Servieren),
sich hinknien und den Kopf auf die Erde legen, er ist der erste
nicht, der dies mußte, knien bleiben, bis Ich ihm erlaube aufzu-
stehen, ihm dies sehr einpauken. Die drei Stunden, in denen er
drei Tage lang eingesperrt ist, ihm selbst die Hände festbinden,
ihm einschärfen, daß er sich diesem unterwürfig unterziehen
muß, sonst ist es aus mit ihm, das Leben ihm verbittert.«

Grotesk ist der Einblick in den Alltag des Königs: Die Kammerdiener, die seine wilden und wirren Befehle entgegennehmen,
bringen seinen Willen zu Papier und lassen die Aufträge durch
Diener und Lakaien des Hofes besorgen – ganz gleich, ob es nun
gilt, von den europäischen Bankiers ein Darlehen von 25 Millionen
Mark zu beschaffen oder in Neuschwanstein einen entflogenen Vo-
gel einzufangen oder auf einem Berghof die Bremsen davon abzu-
halten, daß sie den König stechen.

Den Thomas Osterauer, der ein solch ungeheures Unglück nicht
verhindern kann, verwarnt der König: »Du bist in Ungnade gefallen, du hast Majestät von einer Bremse stechen lassen. Du bist doch
zu seinem Schutze dabei.« Und so bemüht sich Osterauer, der diesen Frevel bitter bereut, seine Bitten um Verzeihung an den König
zu richten – eine um die andere, ohne daß ihm vergeben wird, und
dann die letzte: »Eurer Majestät findet sich der Alleruntertänigste
nicht mehr würdig, vor dem Allerhöchsten zu erscheinen und wird
deshalb seinem Leben ein Ende machen.« Da erbarmt sich in diesem Melodram der König und befiehlt: »Um Gottes Willen, das
darf er nicht, er soll ein paar Flaschen Bier trinken, soll spazieren-
reiten, daß er andere Gedanken bekommt.«

In den Hof des Königs, der sich kaum mehr mit ernsthaften Angelegenheiten, sondern nur noch mit Lappalien beschäftigt, ist die
Trivialität eingezogen – so wenn der Kammerdiener Jakob Brüller
in einer dieser peinlichen Komödien dafür bestraft werden soll,
daß es ihm entgegen dem Wunsch und Willen des Königs nicht ge-
lang, eine Hummel zu erwischen:

»Die Brüller-Kanaille hat noch nicht den Befehl ausgeführt, die
große Hummel zu fangen ... Mit der größten Schärfe auf diesen

Schand-Brüller losziehen, diesen Kapitalochsen und nachlässigen Saubengel.«

Hesselschwerdt soll sich darum kümmern, daß der Kammerdiener B. eingesperrt bleibt. Die Mahnungen an Hesselschwerdt, der sich nur noch mit dürftigen Berichten aus München meldet und der wohl jenen Schand-B. schon längst in Freiheit entlassen hat, verhallen unerhört:

»Hesselschwerdt muß einen niederschmetternden Brief erhalten, wenn er nochmals die Frechheit hat, Mir so nichtssagend zu melden, so kurz, so gleichgültig, auf alle Hauptsachen, die es mir gefiel, ihm zu schreiben, gar nichts zu bemerken, so würde er verdienen, sein Leben lang gelähmt zu bleiben. Er soll doch machen, jetzt endlich kommen zu können. Heraus darf jener Schand B. natürlich nicht, da Hesselschwerdt nicht kommen konnte. Hesselschwerdt hat mir stets versichert, daß der bisherige Bauführer bestimmt verlässig ist, ist dies ganz bestimmt wahr? Dann müßte dieser erfahren, wo der Schand B. eingesperrt ist, und ihn verköstigen. Aber geschickt bestimmt besorgen und ihn bestimmt nicht herauslassen.

Hierüber natürlich Mir selbst melden (schriftlich). Dies geht in diesem Falle natürlich nicht anders.

Dem Böhm sehr scharf den Kopf waschen, daß er, wie er es stets tun muß, wenn er zu Mir kommt, die Plomben nicht besser untersucht hat, schon 1 Tag, nachdem er neulich da war, fiel die Plombe vom Stockzahn rechts heraus. Das darf nie so schnell geschehen, sehr auf ihn losfahren, doch endlich alles genauer machen und zu untersuchen.«

Noch ist Ludwig recht arglos. Er ahnt gegen Ende seines Lebens nicht, daß Hesselschwerdt, sein bester Freund, dabei ist, ihn zu verraten und als Spitzel in das Lager der Königsgegner zu wechseln, die ihn verfolgen und das Netz, das sie um ihn gelegt haben, enger ziehen – das Tribunal gegen Ludwig II., geleitet vom Irrenarzt Gudden, hat schon längst seine Arbeit aufgenommen.

Es ist eine dunkle Geschichte, und alles weitere geschieht in diesem schaurigen Szenarium mit einer beängstigenden und beklemmenden Raschheit. In aller Stille und aus trüben Quellen spüren die Ministerien Beweismaterial auf, sammeln Zeugnisse und Aktenvermerke an seltsamen Orten und Fetzen aus Papierkörben, um die Regierungsunfähigkeit des Königs festzustellen. Man durchwühlt die Korrespondenz des Königs, seine Befehle auf Handschreiben und Notizzetteln – sie wandern nun alle in die Taschen der Hof- und Staatsbeamten.

Zeugen werden ausgesucht und vernommen, Dossiers angelegt, frisiert, manipuliert. Und die brauchbarsten und ergiebigsten Aussagen für die ärztlichen Gutachter, die sich herausgreifen, was passend ist, liefert des Königs treuester Diener Karl Hesselschwerdt.

All die Beweise, sofern sie den Ministerialbeamten verdächtig und belastend genug erscheinen, wird man dann Gudden vorlegen, der sich anmaßt, dem wehrlosen König auf den Grund der Seele blikken zu können, ohne ihn gesprochen oder untersucht zu haben. Von den Ministern unter den höchsten Zeitdruck gesetzt, wird der Obermedizinalrat, der auf dem Zenit seiner Karriere steht und das Schicksal des Königs in den Händen hält, über die Grenze zwischen geistiger Gesundheit und Verrücktheit entscheiden. An einem Tag und in einer Nacht wird er das überlassene Material kritiklos zu dem von ihm erwarteten Gutachten verarbeiten. Und am darauffolgenden Morgen wird er sich das bestellte Urteil – es ist ein Tiefpunkt wissenschaftlichen Bemühens, und es wird den König das Leben kosten – von drei Kollegen, darunter ist auch sein Schwiegersohn, in einer dreistündigen Sitzung absegnen lassen.

Am 5. Mai 1886 wagen es die Staatsminister, direkt an ihren uneinsichtigen Souverän eine ernste und energische Eingabe zu richten, wonach die Misere seiner Finanzen im Land längst bekannt sei. Überall in den Wirtshäusern der Residenzstadt und in den Schenken selbst des kleinsten Dorfes werde darüber gesprochen: Die Eröffnung der Gant, das heißt nichts weniger als der unehrenhafte Konkurs und der öffentliche Verkauf der königlichen Güter, stehe bevor, wenn er jetzt nicht alle seine Verschwendungen und privaten Liebhabereien aufgebe, angefangen von seinen exzentrischen Bauten und den Separatvorstellungen des Theaters, die ihm die Münchener nicht verzeihen, bis zu den unmäßigen Geschenken an Weihnachten, an den Geburtsfesten und all den anderen Anlässen für die Künstler und auch für die Prinzen und Prinzessinnen des Wittelsbacher Hauses. Und von dem Aufwand aus Küche und Keller zugunsten der Umgebung des Königs, »der in kaum glaublichlichem Maße statt haben soll«, wolle man gar nicht sprechen.

Nachdem die Minister eine zu lange Zeit nicht wahrhaben wollten, zu welchem Zweck die Chevaulegers an den königlichen Hof geschickt wurden, richtet der Ministerrat die flehentlichen und dringenden Bitten an den Landesherrn, er solle, um den üblen und wilden Gerüchten zu begegnen, den Verkehr mit gewissen Leuten einstellen, er möge also auch die jungen Offiziersburschen aus seinem Privatdienst entfernen.

Der König ist wütend auf seine Minister, er beschimpft sie als Gesindel und Geschmeiß. Da untersteht es sich auch noch Hesselschwerdt, der den Bericht begutachten soll, die nach Meinung des Königs »freche Eingabe« der meuternden Minister zu verteidigen. Der König befiehlt, ohne daß ein Funke von Argwohn ihn beirrt, seinem als Schreibkraft fungierenden Kammerlakaien Mayr:

> *Dem Hesselschwerdt schreiben: er hat wieder etwas ganz Falsches und Verkehrtes geschrieben, indem er sich herausnahm zu schreiben, daß jenes Ministerpack in die Notwendigkeit versetzt war, jene Meldung (Bericht vom 5. Mai!) zu unterbreiten. Ich habe jene Meldung verworfen, denn jenem Pack kam es gar nicht zu, sich in Sachen zu mischen, die es nicht im geringsten angehen und für die es gar nicht da ist. Ihm dies also austreiben. −*

Der König erkennt wohl nicht ganz den Zweck und die Tragweite der Vorlage seiner Staatsminister, die ihn über die Klinge springen lassen und sich im letztmöglichen Augenblick noch schnell ein Dokument schaffen, mit dem sie später ihre Unschuld und ihre guten Absichten einer verunsicherten und skeptischen Öffentlichkeit beweisen wollen. Denn ängstlich besorgt, ihren Posten zu verlieren, aber auch recht zufrieden, solange er sie in Frieden ließ und nicht störte und ihre Papiere signierte und siegelte, schwiegen die liberalen Minister, die in der Nähe des Thrones standen, all die Jahre bis in die jüngste Zeit und ließen ihn gewähren, obgleich sie die Abgründe sahen – wie auch jener Kriegsminister Adolph Ritter von Heinleth, der es zuließ, daß man die jungen Soldaten zum Wachdienst an den königlichen Hof schickte, und der es wie all die anderen Opportunisten duldete, was die jungen Reiterburschen aus seinen Regimentern dort erlebten. Die Verantwortlichen – sie sind alle Zeugen oder Mitwisser – kennen ihre schwere Schuld und befürchteten es schon lange: »Durch die Chevaulegers kommt alles auf.«

Schnell suchen die Minister – so wird man es ihnen bald vorwerfen – sich aus der Verantwortung zu stehlen und setzen alles daran, den König zum Narren zu erklären, als befürchteten sie, die Vergangenheit werde sie alle einholen.

Hesselschwerdt vermag all der abstrusen Befehle, die über ihn hereinbrechen, nicht mehr Herr zu werden. Am königlichen Hof verlangt Ludwig von den Lakaien die unsinnigsten Dinge, so als müßten sie, die obersten Ritter seines Hofes, in diesem Tollhaus dem König ihre Treue stets dadurch beweisen, daß sie seinen wahnwitzigen Befehlen folgen.

Der Marstallfourier, sonst von frischem und lebhaftem Aussehen, wirkt in diesen Tagen unruhig und überreizt. Er soll sich passende Strafen für die Staatsminister ausdenken, und dazwischen hat er gar noch den bisher bedeutendsten und aufregendsten Befehl in seinem Leben erhalten: Er soll dafür sorgen, daß ein neues Kabinett des Königreichs Bayern gebildet wird – gemeinsam mit einem der wichtigsten Männer am königlichen Hof, dem Hofleibfriseur Hoppe, von dem sich der König sein kunstvoll gekräuseltes Haar wenigstens einmal am Tag pflegen und brennen läßt – es ist nicht von Natur aus gelockt und gewellt – und den Ludwig ganz besonders schätzt, weil er ihm die Magazine und Zeitungen vorliest und mit ihm auch noch Tarock spielt.

Beglückt über die neue steile Karriere, von der er nicht zu träumen wagte, macht sich Hoppe, eine rührende Seele und ein schlichtes Gemüt von grenzenloser Naivität, gleich auf die Suche nach neuen Ministern für das bayerische Kabinett. Der Friseur fährt nach München und fängt an, dort Ministerposten anzubieten, während Hesselschwerdt – so steht es in dem folgenden separaten Schreiben des Kammerlakaien Mayr – erst noch den vom König befohlenen »Staatsstreich« ausführen und die mißliebigen und im Wege stehenden Minister und Abgeordneten aus ihren Ämtern entfernen muß:

> *Es fällt S. M. gar nicht ein, auch nur eine einzige der Bedingungen anzuerkennen oder zu erfüllen, jetzt erst recht nicht. Sie müssen alles aufbieten, daß die Schlechten und Hetzer beseitigt werden, während Herr von Ziegler es dahin bringen muß, daß die sechs [Millionen] durch die Kammer gedeckt werden. Herr von Ziegler müsse recht energisch vorgehen und noch einige dazu ausfindig machen, welche Herrn von Ziegler helfen. Die Schlechten in der Kammer müssen hinausgestoßen und durch Gute ersetzt werden, und wenn von den Ministern der eine oder andere nicht zieht, muß er weg. Es müsse so eine Art Staatsstreich werden und deshalb darf Herr von Ziegler den Herren Minister nichts hiervon verraten.*«

Solch hektischen Beschwörungen ist schwerlich nachzukommen, denn in jedem Staatswesen auf der Welt ist es leichter, einen Minister aus seinem Amt zu verdrängen, als einen besseren Nachfolger zu finden. Aber der König braucht keine Grübler, sondern Macher. Einen Monat vor seinem Tod schreibt er eindringlich an Hesselschwerdt:

> *Passe recht auf und besorge es gut.*
> *Sprich eingehend mit Ziegler. Sage ihm, daß die jetzigen Minister weg müssen, sie haben sich bei Mir unmöglich gemacht. Er wird es also, wenn er alles besorgt, wie Ich will. Die Kollegen soll er Mir dann selbst vorschlagen. –*
> *Schneider gleich fort und durch einen Tüchtigen ersetzen. Sind die Kammern verstockt, dann auflösen, andere her und das Volk sehr bearbeiten. Schnell aber. –*
> *Sage ihm außer den Rückständen (ohne, daß die Kammern wissen, wofür; können glauben, es gehöre zu den Rückständen)*

ein paar Millionen dazu; die anderen schaffe Du herbei. Sage ihm, daß die Bauten die <u>Hauptlebensfreude</u> sind, daß Ich, seit alles schändlich stockt, ganz <u>unglücklich</u> bin, an Abdanken, Selbsttötung stets denke, daß der Zustand aufhören <u>muß</u>, daß die Bauten nicht mehr stocken dürfen, daß, wenn er alles richtet, er Mir buchstäblich das Leben wiedergibt. Führ ihm dies <u>sehr</u> und <u>vor allem dies</u> zu Gemüte. Es geht nach sofortiger Deckung (nicht Vorschießen, das ist unwürdig Mir gegenüber), dann ist die Civilliste wieder ganz in meinem Besitz.

… rasch vorwärts mit dem Schlafzimmer in Linderhof, St. Hubertus-Pavillon und mit dem Ausbau der Burg von Herrenwörth und Falkenstein. Mein Lebensglück hängt davon ab. Dieses [sieht] Herr von Ziegler <u>bestimmt</u> ein. Er soll es erschinden, durchreißen, alle Schwierigkeiten besiegen und Hindernisse niederreißen und baldigst, [das] ist die Hauptsache.

Daß Du <u>noch</u> nicht wohl bist, ist zu arg; nimm doch einen Arzt. Erhole Dich.

Berg, den 11. Mai 1886   Ludwig.«

Am Ende seines Lebens sieht sich König Ludwig II., der Hilfe sucht und bis zuletzt an seinem Werk arbeitet, von fast allen enttäuscht und im Stich gelassen. Er ist nicht der geborene Verlierer und Versager, er kämpft für seine Pläne. Doch er weiß weniger von der Welt als jeder andere am Hof. Parasiten und Mitläufer umgeben den König, die ihn hintergehen und von seiner Leichtgläubigkeit leben.

In München hat man erkannt, daß dem König das Können und die Macht fehlen, sich weitere Mittel für seine Märchenwelt zu beschaffen. Einst pochte er als Oberhaupt des Staates darauf, nicht an die Gesetze seines Reiches gebunden zu sein – und als man ihm, dem König, nun am Ende seines Lebens die Freiheit wegnimmt, wundert er sich, wie verwundbar und verloren er ist. Sein Wille galt als Gesetz für alle. Er war anscheinend der Erste des Staates, und jetzt erkennt der König, er ist einer der Letzten, denn es wird ihm bewußt: »Ich bin ärmer daran wie ein Bettler, dieser kann die Gerichte in Anspruch nehmen, ich als König nicht.«

Dem König, der sich mit dem Rücken zur Wand verteidigt, steht kaum noch jemand zur Seite. Einst dachte er darüber nach, wie man mit Spitzeln ein großes Spionagenetz aufbauen könne, um das Königreich zu regieren – und jetzt, während dieser turbulenten Tage an seinem Lebensende, bemerkt er mit Bitternis, daß er nirgends mehr einen Informanten hat – und auch keinen Fürsprecher, keinen väterlichen Freund oder politischen Ratgeber, erst recht nicht unter seinen Staatsministern, die dem Spuk ein Ende machen wollen, seit sie wissen, daß er sich nach neuen Ministern umsieht. Die Würfel sind längst gefallen. Es steht fest, daß man ihn internieren wird und er auf diesem Weg Krone und Land verlieren wird.

Die Beamten und Lakaien der königlichen Hofhaltung, die in das Lager der Königsgegner wechseln, werden nach dem Tod des Königs zu Ehren kommen und von ihrem Vermögen, das sie der Großzügigkeit und Freigebigkeit Ludwigs verdanken, sorgenfrei leben können: Adalbert Welker wird sich als reicher Mann in Stuttgart niederlassen. Richard Hornig wird von Ludwig durch verschwenderische Geschenke sowie eine Villa und einen wertvollen Landbesitz bei Allmannshausen am Starnberger See über alle Maßen entlohnt und kann sich mit dem Königsgeld noch ein großes Hotel in Kempten kaufen; im Jahr 1901 wird er – für einen Gestütsleiter ungewöhnlich – vom Prinzregenten Luitpold, der nach dem Tod Ludwigs II. die Regentschaft übernahm, in den Adelsstand erhoben. Auch den provisorischen Leiter des Hofsekretariats, Ludwig Klug, adelt der Prinzregent Luitpold und ernennt ihn zum Hofrat und zum Vorstand der Hofkasse. Und dem Marstallfourier Karl Hesselschwerdt, der alle erdenklichen Details vom Hof seines königlichen Freundes verriet, nachdem der König ihn jahrzehntelang mit Geld und Gunst und Orden fürstlich bedachte, wird später sogar die allerhöchste Ehre des Prinzregenten zuteil, als er ihm das letzte Geleit gibt.

Am 30. Mai 1886 feiert Ludwig das heitere und glückliche Wiedersehen mit seinem geliebten »Alphonse« – so nennt der König seinen letzten Lieblingsdiener Alfons Weber. Dieser ist nach einer ersten Dienstzeit und nach einem zweiwöchigen Arrest in Neuschwanstein an den Hof zurückgekehrt.

Nach einem Abendessen in der Grotte von Linderhof fahren sie heiter gestimmt in den Ammerwald und zum Plansee. Himmlische

Stunden verleben sie in diesen kostbaren Augenblicken unbeschwerten Glücks zusammen, und am ersten Juni soll es dann wirklich der letzte Sündenfall gewesen sein. Der König ersehnt sich die selige Unschuld, die so fern ist wie das Paradies. Wie in einem Abzählreim schwört er im Namen des Großen Königs Ludwigs XIV.:

>*Denken Sie daran, Sire,*
denken Sie daran,
denken Sie daran,
Von nun an nie!
Von nun an nie!
Von nun an nie!!!
Geschworen im Namen des Großen
Königs und die mächtige
Hilfe des Erlösers anrufend.
   Linderhof 86.   Louis«

Darunter setzt auch der Kammerlakai Alfons sein Versprechen und unterschreibt es mit seinem Namen; es ist – sechs Tage vor dem Tod des Königs – der letzte Eintrag im Tagebuch Ludwigs II.:

>*Auch der Küsse streng enthalten.*
Ich schwöre es im Namen des Königs der Könige.
   Alfons   7. Juni.«

Bis zu seinem Lebensende schenkt der König, dessen Leben hoffnungslos geworden ist, großzügig und freigebig. Wie Hoppe, der königliche Hoffriseur, berichtet, erhält auch Alfons Weber am Ende für seine Dienste und seine Freundschaft aus der Schatzkammer wahrhaft königliche Gaben und Geschenke, die nach dem Tod des Königs von manchen angezweifelt und bestritten werden:

>*Zum Schluß verschrieb der König Weber 25 000 Mark und schenkte ihm den großen goldenen Gralsbecher und den goldenen kleinen Hausaltar aus Schwanstein. Auch die Agraffe Edelweiß mit dem großen Diamanten, die der König immer am Hut trug, verschrieb er ihm.*

*Nach dem Tode des Königs wollte man Weber nichts geben –
mir auch nicht. Aber Weber gab alle Scheine vom König über
alle seine Geschenke an den Rechtsanwalt. Außerdem hatte er
von allen königlichen Befehlen stenographische Notizen zu-
rückbehalten, und in den Notizbüchern des Königs hatte er viele
Versprechen mit den großen königlichen Siegeln – da hat man
ihm denn alles gelassen. Er hat sich jetzt eine Buchdruckerei gekauft.«*

Vier Tage später wird der König in Neuschwanstein gefangenge-
nommen und zum Schloß Berg am Starnberger See abgeführt. Sein
Totengericht, eine Kommission von vier Ärzten, hat schon längst
die Grenze zwischen Wissenschaft und Wunsch überschritten und
das Urteil gefällt, das den König von Bayern vernichten wird: Er sei
irrsinnig und verrückt und werde ein Narr auf Lebenszeit bleiben.

Sittenrichter will das medizinische Tribunal nicht sein. Peinliche
Fragen zum Geschlechtsleben des unglücklichen Königs werden
möglichst vermieden. Und selbst die parlamentarischen Gremien
wollen von einer Einsichtnahme der Tagebücher des Königs abse-
hen, nachdem am 21. Juni Staatsrat von Neumayr als Referent in
der Kammer der Reichsräte berichtete, man wolle die Aufzeichnungen – im Einvernehmen mit den Ministern und aus Gründen
der Pietät – nicht bekanntmachen.
Sie sind sich alle sicher, das eingeholte Material sei erdrückend
genug und es reiche schon längst, und sie vergessen und verschwei-
gen dabei, zu erwähnen, daß man all die Zeugen, welche von den
Ausschweifungen des Königs wußten oder selbst in sexuelle Verhältnisse verstrickt waren, sonst sicherlich nicht für die übrigen
Aussagen hätte gewinnen können, die man so dringend brauchte.
Sie wissen es alle, daß ihr zweifelhaftes Verhalten in der Vergangenheit eine Erörterung in der Presse und in der Öffentlichkeit
nicht gut vertragen würde. Und schließlich gibt Gudden noch eine
andere und ganz neue Erklärung. Denn er lege, schreibt die *Frankfurter Zeitung*, auf die Darstellung des Sexualverhaltens des Königs
keinen Wert, »weil dasselbe eine *Schwäche* sei, die auch bei gesun-
den Menschen vorkomme«.

Währenddessen hat Kaiser Wilhelm I. von Bismarck die letzten traurigen Nachrichten über seinen merkwürdigen bayerischen Neffen Ludwig erhalten. Trotz seiner Erfahrung von 89 Lebensjahren weiß auch der alte Kaiser in Berlin keinen Rat mehr, und so möchte er »dieser erst völlig ins Reine zu bringenden Familien-, Haus- und Landes-Angelegenheit« derzeit nicht nähertreten und sendet »die vorliegenden haarsträubenden Papiere« über den König von Bayern am 31. Mai an den Reichskanzler zurück – versehen mit den Notizen: »Der Blick, der sich jetzt erst in so viele meiner Kenntnis entgangene Détails öffnet, ist jammervoll und keine Hilfe absehbar!«

Das Labyrinth der vom König entworfenen Organisation, einem recht fragilen Gebilde, in dem sich die Günstlinge bemühen, die Geschicke des Landes zu beherrschen, ist schon längst zerbrochen. Der König wird dafür grausam bestraft. In das Geschehen kann Ludwig nicht mehr eingreifen. Er ist zum stummen Zeugen seines Untergangs geworden. Alle Wege sind ihm abgeschnitten. Verzweifelt kämpft er gegen das unabwendbare Schicksal und bäumt sich dagegen auf. Aber auch den Reichskanzler in Berlin, den er bitten möchte, ihm den bayerischen Thron zu retten, kann er nicht mehr erreichen.

»Jemanden Verlässigen zu Bismarck«, schreibt Ludwig vergebens an Hesselschwerdt, »von Kammer, Minister, Schneider ist es eine Gemeinheit, diese frechen Bedingungen zu erwähnen. Die Kammer also schnell und geschickt bearbeiten; bleibt sie verstockt, was fast so aussieht, da sie sich ja schlimmer, als nur auszudenken war, benahm, dann eine andere her, diese auflösen. Gehandelt muß werden, und schleunigst, denn es eilt sehr. Beherzige dies recht, recht.«

Aus seinen lebenslangen Träumereien und Illusionen ist Ludwig noch immer nicht erwacht. Bis zum letzten Tag vertraut er auf Hesselschwerdt. Der König kann es sich nicht vorstellen, daß der über alle Maßen bevorzugte und am meisten verwöhnte Freund in einem skrupellosen Doppelspiel als Verräter und Judas auch diesen Brief und all die anderen verdächtigen Beweise den Ministern ausliefert. Von Hesselschwerdt erhält der Ministerrat auch den wichtigen und entscheidenden Hinweis, bei der Entmachtung Ludwigs drohe Gefahr höchstens von Prinz Ludwig Ferdinand.

Hesselschwerdt mißbraucht das in ihn gesetzte Vertrauen, denn er kennt alle Interna und weiß, daß der junge Prinz, ein Cousin Ludwigs II., wie kein anderer aus der Wittelsbacher Familie in die Nöte und Sorgen des Königs eingeweiht ist, sein Vertrauen genießt und ihm helfen will, wenn es nur irgendwie möglich wäre. Ihm schüttete Ludwig stets vertrauensvoll sein Herz aus, und in der letzten Zeit schickt er ihm fast täglich Briefe nach Nymphenburg, in denen er seinen Vetter um Hilfe anfleht und sich über die »infame Presse« empört, über den Hofsekretär, den Kabinettssekretär, die Staatsminister und auch über die »aufgehetzte Bevölkerung« und vor allem »die elenden Geldmenschen, die ihm die Darlehen verweigern«.

Schließlich ist es einer der schwärzesten Punkte in dieser jammervollen Geschichte, daß von allen Kammerzeugen Hesselschwerdt, dessen Briefe der König noch rechtzeitig verbrennt, damit »Seinetwegen« niemand »kompromitiert« werde, am hemmungslosesten gegen seinen königlichen Freund aussagt und ihn verrät. Als man Ludwig vor der Verschwörung und der drohenden Gefangennahme warnt, zeigt sich der sonst so mißtrauische König noch ahnungslos: »Fliehen? Weshalb? Wenn eine wirkliche Gefahr vorhanden wäre, würde mir Karl schon geschrieben haben.«

Nachdem die berüchtigte Fangkommission nachts am 10. Juni in Neuschwanstein erschienen war und unverrichteter Dinge wieder abziehen mußte, schreibt Ludwig wütend und erregt und in aller Eile den wohl allerletzten Brief in seinem Leben – gerichtet an seinen jungen Vetter Prinz Ludwig Ferdinand auf Schloß Nymphenburg bei München: »Wer kann nur hinter einem solchen Verbrechen stecken! Prinz Luitpold vermutlich ... Dieser Abschaum von Bosheit, mich nächtlich überfallen und gefangennehmen zu wollen!!!«

In seiner Not ruft der König seinen Cousin Ludwig Ferdinand zu sich nach Neuschwanstein. Sofort will dieser losfahren. Aber noch ehe der angeforderte Wagen kommt, trifft aus der Münchener Residenz schon der Befehl ein, der ihm verbietet, Nymphenburg zu verlassen.

Ludwig II. ist in einem Staatsstreich entmachtet worden. Er ist ein König ohne Geld und jetzt ganz am Ende auch ein König ohne Land. Ohnmächtig taumelt er in den Abgrund.

Er verlangt nach Gift. Er hat es zu spät erkannt: Man will ihn gefangennehmen, als einen unheilbaren Narren einsperren und somit gleichsam lebendig begraben. Die ärztlichen Gutachter deuten auf den Irrsinn seiner verstorbenen Tante Alexandra, die man zur Pflege in ein Kloster in Würzburg abschob und die dem Wahn verfallen war, sie habe ein Klavier verschluckt. Sie vergleichen ihn auch mit seinem armen Bruder Otto, der in Fürstenried vor den Toren Münchens hinter Gittern interniert und isoliert ist und dort, von zwei Dutzend Soldaten bewacht, angeblich in Stumpfsinn dahindämmert, selbst verfertigte Zigaretten raucht, sich lebhaft mit den Vögeln unterhält und sonst mit niemandem – wenn er nicht gerade auf dem Tisch stehend mit lauter Stimme auf jemanden einredet, den niemand sieht. Er richte wieder einmal eine Ansprache an irgendeine Deputation, sagen dann die Wärter, die ihm jetzt alles befehlen können und nicht ahnen, daß man schon bald diesen eingesperrten und irrsinnigen Prinzen Otto zum neuen König ausrufen wird, und daß die bayerischen Truppen künftig den Fahneneid auf ihn, der seinen Bruder Ludwig noch um dreißig Jahre überleben wird, leisten werden.

Am Pfingstfest, am 13. Juni 1886, ertrinkt König Ludwig II. im Alter von 40 Jahren im Starnberger See.

Er wird am 19. Juni 1886 beigesetzt. Der Leichenwagen mit dem Sarg des Königs wird durch die Straßen Münchens zur Kirche Sankt Michael geführt. Die Zügel des von acht schwarz drapierten Pferden gezogenen Leichenwagens hält Karl Hesselschwerdt.

Während in der Gruft der Kirche noch die Vigil gesungen wird, zieht ein Gewitter über die Stadt, und ein mächtiger Blitz, der nicht zündet, schleudert einige Leute an die Mauer der St. Michaelskirche. Es ist ein Zeichen des Himmels, so deuten es viele, die sich um die Zukunft Bayerns ängstigen. Sie mißtrauen dem neu eingesetzten Prinzregenten Luitpold und zermartern sich den Kopf, auf welche Weise ihr König gestorben ist.

Andere wollen diesen Spekulationen nicht weiter nachgehen und nicht länger darüber grübeln, denn sie wissen: Gott hat in seiner Gnade und Barmherzigkeit den armen König zu sich geholt – auf dieser Erde hatte er keine Heimat mehr.

Anhang

Zu den Briefen Ludwigs II.

Vor zwei Jahren erwarb der Autor 27 bisher nicht veröffentlichte Briefe Ludwigs II. auf einer Versteigerung der Firma Hartung & Hartung, einem renommierten Münchener Auktionshaus, das die Echtheit der handgeschriebenen Dokumente bestätigt und garantiert. Das Bietergefecht an jenem 3. November 1999 war heftig; nach wenigen Minuten war es beendet und der Zuschlag erteilt.

So lagen nun plötzlich 27 kostbare Autographen aus den letzten Jahren des Märchenkönigs auf dem Schreibtisch des Sammlers: seltsame, geheimnisvolle Zeugnisse Ludwigs II. aus der unglücklichsten Zeit seines Lebens – einer der Briefe wurde zwei Monate vor seinem Tod verfaßt –, alle wundervoll erhalten, die meisten mit schwarzer Tinte geschrieben.

Jede Handschrift ist *einzigartig*, und so enthüllt auch die Handschrift Ludwigs II. manches über sein wirkliches, inneres Wesen. Es sind zuallererst die mächtigen und energischen Schriftzüge, die ins Auge springen und die von seiner Tatkraft und Entschlossenheit zeugen. Auf diese Eigenschaften deutet auch der starke Schreibdruck auf die Feder, der so kräftig ist, daß er auf der Rückseite des dicken Briefpapiers erkennbar bleibt.

Die Grundlinien seiner Schrift verlaufen schräg aufwärts von unten nach oben – zusammen mit der festen Schriftführung und den stark nach rechts gerichteten Buchstaben für die Graphologen sichere Zeichen eines außerordentlich leidenschaftlichen und ehrgeizigen Engagements, das – je stärker und überbetonter die Buchstaben nach rechts neigen und die Zeilen der großen und kräftigen Schrift nach oben streben – mit einem übertriebenen und unrealistischen Optimismus des Schreibers einhergehen kann. Aus einer solchen Schrift können wir auf einen Menschen schließen, der genau weiß, was er will, der vor Selbstbewußtsein strotzt und der an den Erfolg glaubt und dem es in seiner Selbstsicherheit offenbar leichtfällt, seine momentanen Stimmungen und Emotionen schnell und spontan in Worte zu fassen und zu Papier zu bringen.

Wie ein Mensch wirklich ist, können wir aus seiner Handschrift schließen, doch seine *Unterschrift* verrät, wie er sein *möchte*. Sicherlich will Ludwig II. mit seiner riesengroßen und extrovertierten Signatur seine Selbsteinschätzung – und sei sie noch so wirklichkeitsfremd – bekräftigen. Im realen politischen Leben mag er gescheitert sein und alle Macht verloren haben. Aber es ist ihm ein tiefes inneres Bedürfnis, fern jeder Realität seinen Machtanspruch zu verkünden: Er ist und bleibt die Majestät, der König von Gottes Gnaden, dem jeder untertan ist und der vom Adressaten des Briefes absoluten Gehorsam erwartet, selbst wenn das Befohlene noch so widersinnig und wahnwitzig ist.

Seine Unterschrift verziert er mit Schleifen und Bögen, die – genau so wie das übrige Beiwerk, mit dem er das Schriftbild der Briefe ausschmückt – seine ästhetischen und künstlerischen Neigungen ausdrücken; sie deuten auf seine Unabhängigkeit und Selbständigkeit, auf seine Originalität und Kreativität. Der König ist phantasievoll und sprüht voller Ideen. Sobald aber seine Unterstreichungen, die vielen verzierten und verschlungenen Schnörkel und die weit ausholenden Schlaufen das gesamte Schriftbild prägen und beherrschen, offenbaren sie auch deutlich seinen egozentrischen und exzessiven Charakter.

Es ist die Faszination des *Originals*, die den Sammler ergreift, die ihn direkt auf die Spuren einer vergangenen Zeit führt und in das Abenteuer der Geschichte eintauchen läßt. Mit diesen persönlichen Handschreiben, den »Autographen«, verlebendigt sich die Historie. Denn das Handgeschriebene, das Spiegelbild einer Person, zieht manchen Leser stärker als das gedruckte Wort in seinen Bann – und zwingt ihn aber auch zu der mühseligen Arbeit, die individuellen Schriftbilder und Schriftzüge zu dechiffrieren und zu datieren.

Die Briefe, die dem König am Ende seines Lebens den ihm wichtigen Kontakt zu seinem lieben Freund Karl herstellten und die seine intimsten Gedanken offenlegten, sollten keinem Fremden in die Hand fallen. Der König teilte dem Freund seine Wünsche in

Form von Befehlen mit – zuerst in freundlicher und einfühlender Form, dann immer drängender und zuletzt ungeduldig und unzufrieden und ihn in eindringlicher Form an die Erledigung der Aufträge ermahnend. Hesselschwerdt war nicht der Brieffreund und der Gesprächspartner, mit dem er sich über seine Sorgen und Nöte austauschen wollte. Der König wünschte von seinem Freund nur das eine: »Gehorche stets und behellige Mich *nie* mit Deinen Gedanken, an denen Ich genug habe.«

Im Mai 1886, wenige Wochen vor der Entmündigung des Königs, lief Hesselschwerdt in das Lager der Gegner Ludwigs II. über, die seine Entmachtung planten, und händigte die ab diesem Zeitpunkt empfangenen vertraulichen Briefe des Königs, der den Verrat seines Freundes nicht ahnte, den Ministerien aus, die belastendes Material sammelten, um das Entmündigungsverfahren des Königs voranzutreiben. Man wußte schon längst, daß Hesselschwerdt, der am Hof des Königs allmächtig war, private und höchst geheime Post von Ludwig II. empfangen hatte. Auf seine Aussagen war man in besonderem Maße angewiesen. Er war freilich klug genug, die vorangegangenen Briefe, die seine zweifelhaften Tätigkeiten am königlichen Hof offengelegt hätten, für sich zu behalten.

Ein Teil dieser Briefe wird in diesem Buch erstmals veröffentlicht. Ihre Echtheit ist nach Meinung der Experten nicht zu bezweifeln, und inzwischen ist auch ihre Provenienz geklärt: Sie blieben nach dem Tod Karl Hesselschwerdts im Jahre 1902 im Besitz seiner Nachkommen. Bis 1930 gehörten sie seinem Sohn Ludwig Hesselschwerdt, dann bis 1942 seiner Tochter Josepha Kress, welche die Briefe – es waren über hundert – ihrer Enkelin vermachte. In den achtziger Jahren veräußerte die Urenkelin Karl Hesselschwerdts die Schriften an verschiedene Erwerber, unter anderen an einen Autographensammler, der 1996 verstarb und aus dessen Erbmasse die Briefe im Jahr 1999 zur Auktion gegeben wurden.

Unklar bleibt allerdings nach wie vor, ob Karl Hesselschwerdt nach dem Tod Ludwigs II. – wie es in der Familie der Hesselschwerdts überliefert wird – vom Grafen Holnstein so unter Druck gesetzt wurde, daß er Briefe des Königs aus seinem Besitz herausgegeben hat. Dann wäre es denkbar, daß Holnstein oder seine Erben diese Schriften später an die Familie Hesselschwerdt zurückgegeben haben oder daß es sich – was wahrscheinlicher wäre – um ganz andere Briefe handelt, die bisher der Öffentlichkeit nicht bekannt geworden sind.

Maximilian Graf von Holnstein war in viele Interna des königlichen Hofes bestens eingeweiht. Lange Zeit war er Obersthofmeister Ludwigs II. und sein Vertrauter gewesen, später zählte er zu den erklärten Gegnern des Königs, und zum Entsetzen Ludwigs II. hatte man ihn – neben Clemens Graf von Toerring-Jettenbach – sogar zu seinem Vormund ernannt. Nach dem Tod des Königs forschte er auch nach dem Tagebuch Hesselschwerdts. Als dieser das Bestehen solcher Aufzeichnungen leugnete, erschien der Polizeipräsident in seinem Haus, begleitet von drei Polizisten, die einen Tag lang vergeblich danach suchten.

Die Regierung setzte alles daran, die privaten Dokumente des verstorbenen Königs in ihren Besitz zu bekommen – vor allem auch die Tagebücher Ludwigs II., die – wie auch die Briefe an Hesselschwerdt – an eine politisch zuverlässig erscheinende Person zur Verwahrung gegeben werden sollten.

In der Nacht vom 10. auf den 11. Juni 1886 versuchte die Staatskommission, Ludwig II. in Neuschwanstein festzunehmen. Die Gefangennahme mißglückte zunächst, aber es war für den König Anlaß genug, anzuordnen, daß all das Material vernichtet würde, das ihn und seine Freunde und Vertrauensleute eines Tages belasten könnte. Lorenz Mayr, der Leiter des königlichen Kammerdienstes, sollte die Tagebücher des Königs verbrennen.

Diesem Befehl kam Mayr nicht nach. Ganz im Gegenteil: Die beiden letzten Tagebücher, die allein sich in seiner Verwahrung befanden und die Zeit von Ende 1869 bis 1886 betrafen, übergab er zwei Tage nach dem Tod des Königs an die Ministerialkommission. So war das Regierungslager im Besitz wichtiger Dokumente, die den verstorbenen König belasteten. Da aber jede neue Zeit immer an eine alte anknüpft, die nie ganz vergessen werden kann, spürte man bald, all diese Materialien könnten auch verheerende Folgen für alle jene Mitwisser und Überläufer haben, die darin genannt und auf deren Mitarbeit die Regierung und die Ministerien jetzt angewiesen waren. So fanden sich alle in einer Schicksalsgemeinschaft wieder.

Nach dem Tod des Königs vertuschte und leugnete man, was am Hof geschah, und es wurden dann Adjutanten und Chevaulegers, die man einst zur Dienstleistung zum König befahl, eiligst an andere weit entfernte Orte versetzt – bis nach Metz in Lothringen, nachdem man sie alle vorher noch schnell darauf vereidigte, niemandem etwas von dem, was sie am Hof des verstorbenen Königs sahen und hörten, zu erzählen.

Der Prinzregent, der die Vergangenheit loswerden wollte, befahl, die beiden letzten Tagebücher, die besonders brisant erschienen, zu vernichten. Freiherr von Lutz, der Vorsitzende des Ministerrats, folgte diesem Auftrag jedoch nicht. Der höchste Staatsdiener Bayerns, der lieber an seine eigene Zukunft dachte, wollte beides: Die Öffentlichkeit sollte nichts erfahren, und *er* allein sollte im Besitz der beiden Tagebücher bleiben. Er fürchtete sich, daß er eines Tages in Beweisnot kommen könnte, und da Wissen auch Macht ist, entschied er, die königlichen Dokumente lieber selbst in seinem Privathaus aufzubewahren, als sie gemäß den Archivregeln dem Geheimen Staats- und Hausarchiv in München anzuvertrauen.

Erst nach dem Tod des Freiherrn von Lutz gelangten jene Tagebuchblätter Ludwigs II., welche die Zeit von Ende 1869 bis zu seinem Lebensende umfaßten, in das Geheime Hausarchiv, wo die Vorstände des Archivs sie in ihre persönliche Verwahrung nahmen. Als am 25. April 1944 die Gebäude des Geheimen Hausarchivs zerstört wurden, waren die bedeutsamsten Archivbestände schon längst ausgelagert. Die wichtigsten Teile des Tagebuchs Ludwigs II. verwahrte der Amtsvorstand allerdings in dieser undurchsichtigen Geschichte angeblich in seinem Schreibtisch, und wenn man dieser offiziellen geheimnisvollen Erzählung glauben darf, sind sie bei einem Bombenangriff im April 1944 vernichtet worden.

Es ist eine Ironie der Geschichte: der Inhalt dieser Tagebuchblätter wäre der Öffentlichkeit gänzlich unbekannt geblieben, wenn nicht unter Staatsminister Johann von Lutz – offenbar auf unrechtmäßige Weise – teilweise Abschriften angefertigt worden wären, die sein Stiefsohn 1925 in wenigen Fragmenten veröffentlichte. Um so wichtiger erscheinen zur Charakterisierung Ludwigs II. dessen Briefe an Karl Hesselschwerdt, von denen in diesem

Buch ein Teil – sie stammen überwiegend aus den beiden letzten Lebensjahren des Königs – veröffentlicht wird. Es wäre freilich nicht verwunderlich, wenn weitere, bisher nicht bekannte Briefe Ludwigs II. an Karl Hesselschwerdt auftauchen würden, die einen weiteren Einblick in das Leben des Königs gewähren. Da Hesselschwerdt mehr als zwanzig Jahre seinem König in einer maßgebenden Position diente, stellen die bisher bekannten, aus dem Besitz der Nachkommen Karl Hesselschwerdts stammenden Handschriften sicherlich nur einen kleinen Teil der Korrespondenz des Königs mit einem seiner wichtigsten Vertrauten dar.

Zur Transkription der Originaltexte

Die Texte sind, soweit dies zum besseren Verständnis und zur leichteren Lesbarkeit zweckmäßig erschien, in Orthographie und Interpunktion behutsam an die bis 1996 geltende Rechtschreibung angeglichen worden, ohne den Inhalt und Stil der Briefe zu verändern.

Da Ludwig II. oft mehrere nicht zusammenhängende Sachverhalte in einem Brief behandelt, ohne Absätze zu bilden, werden in der Wiedergabe der Briefe neue Absätze gesetzt. Ferner sind einige Briefe entsprechend ihrem Inhalt auf verschiedene Kapitel des Buches aufgeteilt worden. Es gehören jeweils die folgenden Briefteile zusammen: Seiten 46, 97 (unten), 98 (oben); 49 (unten), 52 (oben), 78 (unten), 79 (oben); 52 (Mitte), 92; 53 (unten), 54 (oben), 83; 54 (Mitte), 55, 85 (Mitte); 112, 114, 115 (Mitte).

Die Briefe Ludwigs II. an Karl Hesselschwerdt geben nicht die Orte an, an denen sie geschrieben worden sind. Sofern sie jedoch genau datiert sind, wurden die Orte aus dem Itinerar von Franz Merta (in Rall/Petzet/Merta, S. 176ff.) abgeleitet und sind (in Klammern gesetzt) unter den folgenden Anmerkungen angegeben.

In den Anmerkungen sind die Personen, die historischen Fakten, Detailfragen und auch übergreifende Zusammenhänge erläutert und die Quellen genannt.

Anmerkungen

(Verweise auf – im Haupttext kursiv gesetzte – Zitate aus Briefen sind auch hier kursiv gesetzt. Die Kurzangaben zu den Quellen verweisen auf das Literaturverzeichnis.)

S. 13 **»Armer Ludwig auch …«:** Schad, S. 24

S. 14 **»*Mein lieber Herr Staatsminister! …*«:** Ludwig II. an Ludwig Freiherr von der Pfordten: 19. 7. 1864 (In der Riss), Bayerische Staatsbibliothek, Nachlaß Richard Sexau, Ana 346 (B. I. 5c)
»Er liebt mich …«: Richard Wagner an Mathilde Maier, in: Hakker, S. 68
»Weib und Kind …«: Richard Wagner an Ludwig II., in: Hacker, S. 75
»Ich fliege …«: Richard Wagner an Eliza Wille, in: Hacker, S. 69f.

S. 15 **»*Er ist leider so schön …*«:** Richard Wagner an Eliza Wille, in: Hacker, S. 64
»Ihr Los …«: Ludwig II. an Cosima von Bülow vom 5. 1. 1867, in: Hacker, S. 137

S. 16 **»Willst Du meine Gattin werden? …«:** Ludwig II. an Sophie Charlotte vom 22. 1. 1887, in: Hacker, S. 140
»glückliche und herrliche Zeiten«: Ludwig II. an Sophie Charlotte vom 14. 4. 1864, Bayerische Staatsbibliothek, Nachlaß Richard Sexau, Ana 346 (B. I. 5c); Sophie, S. 17)
»Hauptinhalt Unseres Verkehrs …«: Ludwig II. an Richard Wagner, in: Gebhardt, S. 67
»O geliebter Freund …«: Ludwig II. an Richard Wagner, in: Hakker, S. 140
»O kommen Sie …«: Ludwig II. an Richard Wagner, in: Gebhardt, S. 86

S. 17 **»*Mit Seinem Lebensende …*«:** Ludwig II. an Sophie Charlotte vom 17. 8. 1866 (Berg), Bayerische Staatsbibliothek, Nachlaß Richard Sexau, Ana 346 (B. I. 5c; Sophie, S. 3)
»*Du kennst …*«: Ludwig II. an Sophie Charlotte vom 19. 1. 1867, in: Hacker, S. 138 (Mit dem »Stern« ist natürlich Richard Wagner gemeint.)

S. 18   **»Alle Not ...«:** Richard Wagner an Eliza Wille, in: Hacker, S. 64
           »Bis in den Tod ...«: Ludwig II. an Richard Wagner, in: Hacker,
           S. 140 f.
           »Er liebt mich nicht ...«: Böhm, S. 396
           »Grause Dich ...«: Ludwig II. an Sophie Charlotte vom 10. 3. 1867,
           Bayerische Staatsbibliothek, Nachlaß Richard Sexau, Ana 346
           (B. I. 5 c; Sophie, S. 11)

S. 19   **»Nun à Dieu ...«:** Ludwig II. an Sophie Charlotte vom 28. 3. 1867,
           Bayerische Staatsbibliothek, Nachlaß Richard Sexau, Ana 346
           (B. I. 5 c; Sophie, S. 15)
           »die Mutter meines Bruders ...«: Ludwig II. an Sophie Charlotte
           vom 10. 3. 1867, Bayerische Staatsbibliothek, Nachlaß Richard Se-
           xau, Ana 346 (B. I. 5 c; Sophie, S. 11)
           »pausbackige, unförmige ...«: Ludwig II. an Sophie Charlotte vom
           26. 1. 1867, Bayerische Staatsbibliothek, Nachlaß Richard Sexau,
           Ana 346 (B. I. 5 c; Sophie, S. 5)
           »O welch eine Lust ...«: Ludwig II. an Sophie Charlotte vom 25. 2.
           1867, Bayerische Staatsbibliothek, Nachlaß Richard Sexau, Ana
           346 (B. I. 5 c; Sophie, S. 8)

S. 20   **»O gingen die Griechen ...«:** Ludwig II. an Sophie Charlotte vom
           26. 2. 1867, Bayerische Staatsbibliothek, Nachlaß Richard Sexau,
           Ana 346 (B. I. 5 c; Sophie, S. 8)
           »Gewiß hat Ludwig Viktor ...«: Ludwig II. an Sophie Charlotte
           vom 23. 3. 1867, Bayerische Staatsbibliothek, Nachlaß Richard Se-
           xau, Ana 346 (B. I. 5 c; Sophie, S. 14)
           »Der mir höchst unsympathische ...«: Ludwig II. an Sophie Char-
           lotte vom 25. 3. 1867, Bayerische Staatsbibliothek, Nachlaß Ri-
           chard Sexau, Ana 346 (B. I. 5 c; Sophie, S. 14)
           »Wie lustig ...«: Ludwig II. an Sophie Charlotte vom 14. 4. 1867,
           Bayerische Staatsbibliothek, Nachlaß Richard Sexau, Ana 346
           (B. I. 5 c; Sophie, S. 17)

S. 21   **Die Briefe der Herzogin Sophie** an den Photographen Edgar
           Hanfstaengl wurden erstmals 1986 von Heinz Gebhardt veröffent-
           licht. Die folgenden Ausführungen beruhen im wesentlichen auf
           seiner verdienstvollen Arbeit *König Ludwig II. und seine ver-*
           brannte Braut, erschienen 1986 im W. Ludwig Verlag Pfaffenhofen.
           »*Teurer, liebster* ...«: Sophie Charlotte an Edgar Hanfstaengl vom
           23. 7. 1867, in: Gebhardt, S. 112

S. 22   **»Sehen wir uns auch ...«:** Sophie Charlotte an Edgar Hanfstaengl
           vom 27. 7. 1867, in: Gebhardt, S. 114

»*Mein teurer, lieber* ...«: Sophie Charlotte an Edgar Hanfstaengl vom 2. 8. 1867, in: Gebhardt, S. 114 f.

S. 23   »*In welchem Zustand* ...«: Sophie Charlotte an Edgar Hanfstaengl vom 13./14. 8. 1867, in: Gebhardt, S. 131 f.

S. 24   »*Mein lieber Edgar!* ...«: Sophie Charlotte an Edgar Hanfstaengl vom 10. 9. 1867, in: Gebhardt, S. 133 f.

S. 25   **Verschiebung des Hochzeitsdatums:** Zunächst war die Hochzeit für August 1867 anberaumt, dann wurde sie auf den 12. Oktober und im Herbst noch mehrmals, zuletzt auf den 28. November verschoben. Schließlich löste Ludwig – Herzog Max hatte ihm ein Ultimatum gestellt – am 7. Oktober die Verlobung auf; die Öffentlichkeit erfuhr davon am 10. Oktober 1867.
»**Blicken Sie** ...«: Richard Wagner an Ludwig II. vom 22. 9. 1867, in: Gebhardt, S. 138

S. 26   »*Ich kenne sie* ...«: Ludwig II. an Cosima von Bülow vom 8. 10. 1867, in: Schad, S. 60
»**Sophie abgeschrieben** ...«: Notiz von Ludwig II. vom 7. 10. 1867, in: Böhm, S. 402
»**Gott sei gedankt** ...«: Notiz von Ludwig II. vom 29. 11. 1887, in: Böhm, S. 402
»**Wesen nur oberflächlich** ...«: Ludwig II. an Richard Wagner vom 19. 10. 1867, in: Gebhardt, S. 144 f.

S. 27   **Richard Hornig** wurde 1841 im mecklenburgischen Basedow geboren, kam aber schon als Kind nach München. Während der fränkischen Rundreise Ludwigs II. im Herbst 1866 fungierte Richard als Bereiter (Zureiter). Der König lernte ihn im Mai 1867 persönlich kennen.
»**Mann aus dem Volk** ...«: Grunwald, Konstantin von: *Die dramatische Geschichte eines Märchenkönigs*, Genf/Paris 1986, S. 66
»**an jenem seligen** ...«: Grein, S. 29; von Ludwig II. geschrieben am 6. März 1872 in der Indischen Hütte (im Wintergarten der Münchner Residenz). Am 11. Mai 1867, schon fünf Tage nach dem ersten Zusammentreffen mit Ludwig, wird Richard Hornig in den persönlichen Dienst des Königs übernommen (Böhm, S. 565).

S. 28   **Die Tagebücher Ludwigs II.:** Es sind nur Teile veröffentlicht: Für die Zeit von 1858 bis 1869 hat Hans Gerhard Evers (*Ludwig II. von Bayern, Theaterfürst – König – Bauherr*, München 1986) Auszüge – vor allem über die im Titel seines Buches genannten Themenbereiche – veröffentlicht.

Die Zeit von Dezember 1869 bis 1886 behandeln die von Edir Grein im Jahr 1925 publizierten »Tagebuch-Aufzeichnungen«. Herausgeber »Edir Grein« ist wohl Erwin Riedinger, ein Stiefsohn des früheren bayerischen Ministerpräsidenten (d. h. des Vorsitzenden des Ministerrats) Johann Freiherr von Lutz (1826–1890), der diese Tagebuch-Aufzeichnungen unberechtigterweise nach dem Tode Ludwigs II. eine Zeitlang in Besitz hatte. Verändert man die Buchstabenfolge von Riedinger, so ergibt sich in diesem Anagramm der Name Edir Grein.

Franz Merta (*Die Tagebücher König Ludwigs II. von Bayern. Überlieferung, Eigenart und Verfälschung*, in: *Zeitschrift für bayerische Landesgeschichte*, Band 53, Heft 2, S. 319–396, München 1990) hat in ausführlicher und beeindruckender Form die Entstehungs- und Überlieferungsgeschichte der Tagebuchaufzeichnungen dargestellt und bestätigt, daß der von Grein publizierte Text auf echten Vorlagen beruht, wenngleich der ursprüngliche Text beim Abschreiben und bei der mangelhaften Transkription verschiedentlich verfälscht wurde.

»Au nom du Père ...«: Grein, S. 3. Wenn Ludwig II. in einer Schwurformel vom »König« spricht, ist stets Ludwig XIV., König von Frankreich, gemeint.

S. 29   **»dem so oft nichts sagenden ...«**: Evers, S. 107

S. 30   **»Noch ein Streifen ...«**: Grein, S. 63
»Ludwig II. von Gottes Gnaden ...«: Evers, S. 133

S. 31   **»Rückfall in den alten Fehler ...«**: Evers, S. 135
»Von nun an ist der Lebenszweck ...«: Evers, S. 134
»wenn in der Nacht ...«: Evers, S. 136
»von nun an den Begierden ...«: Es ist der erste Schwur in französischer Sprache: »(De Par Le Roy il est ordonné que) d'a présent on ne doit ceder aux exigences du sensualisme que quand il est essentiellement nécessaire, jamais pour y prendre du plaisir« (Evers, S. 136).

S. 32   **»Richards wonniger Tag«**: Grein, S. 9; von Ludwig II. geschrieben am 11. Januar 1870, »4 volle Monate vor seinem wonnigen Tage«.
Die Heirat Richard Hornigs: Angeblich (nach Böhm, S. 566) erteilte Ludwig damals den Auftrag, die junge Frau Richard Hornigs bei einer Kahnfahrt zu ertränken.
»Überhaupt keinenfalls ...«: Grein, S. 9
»Während 3 Monaten ...«: Grein, S. 15
»De par le Roy ...« (»Im Namen des Königs«): Grein, S. 11

S. 33 **»Denke nur ...«**: Schad, S. 82
»Viel fürchte ich ...«: Rall, Hans, *Leben und Tod König Ludwigs II.*, in: Rall / Petzet / Merta, S. 26 (Briefe vom 24. 3. u. 2. 9. 1871)
»Endlich wieder ...«: Grein, S. 21

S. 34 **»*Lieber Z.! ...*«**: Ludwig II. an Friedrich Zanders vom 6. 11. 1871, in: Böhm, S. 567
Unter dem gewissen Z. ist sicherlich nicht der spätere Kabinettschef Friedrich von Ziegler gemeint, der erst 1872 als juristischer Hilfsarbeiter in das Kabinettssekretariat des Königs eintrat, sondern der Stabskontrolleur Friedrich Zanders, der – wie Böhm berichtet – bis zuletzt treu in den Diensten des Königs stand.

S. 35 **»Aussöhnung mit Richard ...«**: Grein, S. 25
»*In Eile diese Zeilen ...*«: Ludwig II. an Friedrich Zanders, in: Böhm, S. 568
Die Hundinghütte: Im Jahre 1876 wurde auf Anweisung des Königs in der Nähe des Schlosses Linderhof unterhalb der Kreuzspitze, der höchsten Erhebung des Ammergebirges, an einem kleinen See eine Blockhütte gebaut, die dem Bühnenbild des ersten Aufzugs der »Walküre« von Richard Wagner nachempfunden war. In der Mitte der Hundinghütte – sie brannte 1884 ab, wurde sofort wieder aufgebaut und brannte 1945 wieder ab – stand eine mit Papier, Holz und Pappe ummantelte Buche, die der Esche nach dem Wagnerischen Vorbild entsprechen sollte. Die Hundinghütte und das Marokkanische Haus, das man nach dem Tod des Königs nach Oberammergau verkaufte, wurden später in der Nähe des Schlosses wiederaufgebaut.

S. 36 **»gereinigt von allem Schlamm ...«**: Grein, S. 25
»Das *ganze* Jahr ...«: Grein, S. 35

S. 37 **»*Im Namen des Königs ...*«**: Grein, S. 39 und 41
»Es ist schade ...«: Herre, S. 205

S. 39 **»*YO EL REY ...*«** (span.: »Ich, der König«): Grein, S. 49
»Heil dem Träger ...«: Grein, S. 55
»Heute sind es ...«: Obermeier, S. 56
»Oh, könnte sich ...«: Herre, S. 208

S. 41 **»Vom Hofe werden ...«**: Böhm, S. 508
»*Es ist mir unmöglich ...*«: Anton Freiherr von Hirschberg an Ludwig II. vom 19. 5. 81, in: Merta, S. 388
»die Flügel der Phantasie ...«: Böhm, S. 513

S. 42 **Prinz von Thurn und Taxis:** Der Prinz (geb. 1843), der in der Literatur fälschlicherweise meist als Fürst Paul von Thurn und Taxis bezeichnet wird, war Flügeladjutant des Königs. Trotz seiner 23 Jahre ernannte Ludwig seinen »treuen Friedrich« zum Intendanten der Münchener Hofbühnen. Als dieser die Soubrette Elise Kreuzer, die am »Aktien-Volkstheater« am Gärtnerplatz engagiert war, heiraten wollte, wurde er von seinem Vater, dem Fürsten Maximilian Carl (1802–1871), aus dem Hause Thurn und Taxis verstoßen. Beim König, dem er sich mehr und mehr als penetranter Mentor aufspielte, fiel er in Ungnade und wurde aus seinen Diensten entlassen. Anfang der 70er Jahre starb er in der Schweiz, wo er ein kleines Provinztheater leitete (vgl. Staatsbibliothek München, Nachlaß Sexau, Ana 346, B. I. 5c).

S. 45 **»... als ginge es zum Schafott«:** Böhm, S. 652

S. 46 **»... Teile Neggel mit ...«:** Ludwig II. an Karl Hesselschwerdt, o.D. (Datierung: 1884), Handschriften-Sammlung Robert Holzschuh.

S. 47 **Karl Hesselschwerdt:** Seine Vorfahren übersiedelten 1778 von Schwetzingen in der Pfalz nach München – zu der Zeit, als Kurfürst Karl Theodor von Zweibrücken die Nachfolge seines bayerischen Vetters in München antrat und sich damit die seit 488 Jahren gespaltenen zwei Linien der Wittelsbacher, die bayerische und die pfälzische Linie, wieder vereinigten. Am 6. 2. 1840 wurde Karl Hesselschwerdt in München als Sohn eines königlichen Hofpostillon geboren. Schon mit 16 Jahren kam er als Eleve in den Marstalldienst des Prinzen Adalbert von Bayern (1828–1875), wurde später Postillon und Vorreiter – eine Stellung, die dort später auch sein Sohn Ludwig innehatte.
Am 1. Oktober 1864 kam Karl Hesselschwerdt als Postillon zum königlichen Hofmarstallstab, und schon zwei Jahre später wurde er in den unmittelbaren Dienst Ludwigs II. übernommen und 1867 zum Leibreitknecht (Marstall-Offizialen) befördert.
»nicht gerade die edelste ...«: Böhm, S. 606

S. 48 **Die sog. »Marstaller« und »Hofstaller«:** vgl. hierzu Craemer, Josef Ludwig: *Lakaien und Kammerdiener*, in: Hollweck, S. 166
Umrechnung der Mark: Die Umrechnung der im Jahr 1884 im Reichsgebiet geltenden Mark auf die heutigen Kaufkraftverhältnisse ist mit einigen Schwierigkeiten verbunden, da die heutigen Preisindizes von einem »Warenkorb« ausgehen, der mit den damaligen marktüblichen Gütern und Dienstleistungen nicht mehr vergleichbar ist. Nach einer von der Deutschen Bundesbank gegebe-

nen Auskunft kann – was die Preise für die Ernährung angeht – die damalige Mark bei einer Umrechnung auf DM mit dem 11fachen angesetzt werden, während beispielsweise für Wohngebäude das 28,5 fache anzunehmen wäre.

Bildet man von diesen beiden weit auseinanderklaffenden Spannen einen Durchschnittswert, so gehen wir – recht grob verallgemeinernd – für das Kaufkraftverhältnis zur DM von dem 20fachen und zum Euro von dem 10fachen der damaligen Mark aus. So würde ein Geldbetrag von 500 Mark für eine Photographie nach heutiger Kaufkraft etwa 5000 Euro entsprechen. Dies gibt zum Grübeln Anlaß; denn schon 50 Mark hätten damals ausgereicht, um im berühmtesten Atelier Münchens, bei Joseph Albert, dem Hofphotographen Ludwigs II., tausend Visitenkarten-Porträts zu erhalten (Ranke, S. 112).

Die auf S. 47 – 53 wiedergegebenen Briefe von Ludwig II. an Karl Hesselschwerdt, o.D. (ungefähre Datierungen: 1884/85), stammen aus der Handschriften-Sammlung Robert Holzschuh.

S. 49 **»Kunis«:** Es bedeutet soviel wie Geschlechtsglied oder Geschlechtsteil, leitet sich aus den Grundformen der alten Wörter »Künne« und »Kunner« ab, denen sprachgeschichtlich zahlreiche weitere Abwandlungen entsprechen; beispielsweise: chunni (althochdeutsch), künne (mittelhochdeutsch), kunni (altsächsisch), kynni (altnordisch), kuni (gothisch). Nach Jakob und Wilhelm Grimm (Deutsches Wörterbuch, 5. Band, bearbeitet von Dr. Rudolf Hildebrand, Leipzig 1873, S. 266 ff.) sind die Urformen des Wortes sowohl in der Bedeutung von Geschlecht und Sippe als auch im Sinne von Geschlechtsteil zu verstehen.

Nach einer anderen Version kann das Wort auch als »Kreis« gelesen werden, womit nach dem Textzusammenhang letztlich dasselbe wie Kunis gemeint sein dürfte. So könnte nach dieser Leseart die in der deutschen Schrift bestehende Ähnlichkeit der beiden Schriftbilder den König – der auch sonst zuweilen durch Anagramme und andere verschlüsselte Wortbildungen die wahre Bedeutung eines Wortes zum Schutze seiner Privatsphäre nicht für jeden offenlegen wollte – veranlaßt haben, das Wort »Kreis« als ein verstecktes Synonym für »Kunis« zu verwenden.

Friedrich Krumper: Er war Hoflakai, der auch für Sekretariatsarbeiten des Königs eingesetzt wurde.

S. 53 **Otto Reitmayer:** Er war seit 1859 in München als Photograph tätig; seit 1880 hatte er sein Atelier in der Briennerstraße 4. Reitmayer gehörte nicht zu dem auserlesenen Kreis der »Königlich-Bayerischen Hofphotographen«, dem unter anderen der Photograph Joseph Albert angehörte. Ludwig II. gab sonst Joseph Albert eindeutig den Vorrang, so daß dieser so fest in das Hofleben eingebunden war, daß er für die Photoaufnahme von Balduin Winzperger wohl lieber nicht in Betracht gezogen wurde.

»Sage ihm, dem Engel ...«: Ludwig II. an Karl Hesselschwerdt, o.D. (ungefähre Datierung: 1884/85), Handschriften-Sammlung Robert Holzschuh

»*Auf gute Art* ...«: Ludwig II. an Karl Hesselschwerdt vom 14. 2. 1884 (München), Handschriften-Sammlung Robert Holzschuh

S. 54 **»*Wenn Ich Mich* ...«:** Ludwig II. an Karl Hesselschwerdt, o.D. (ungefähre Datierung: Frühjahr 1884), Handschriften-Sammlung Robert Holzschuh

S. 55 **»*Verschaffe doch* ...«:** Ludwig II. an Karl Hesselschwerdt, o.D. (ungefähre Datierung: Frühjahr 1884), Handschriften-Sammlung Robert Holzschuh

S. 56 **Chevaulegers:** abgeleitet aus dem Französischen: »chevaux legers«
Trinkgelage: Böhm, S. 563
Thomas Osterauer: Hacker, S. 299 und Osterauer, S. 114

S. 57 **Gurnemanz:** 1877 wurde in unmittelbarer Nähe der Hundinghütte nach dem Vorbild in Wagners »Parsifal« die Einsiedlerhütte des Gurnemanz gebaut, ein roh gezimmerter Bau mit einem kleinen Glockenturm.
»in der Stadt umhergetragen ...«: Graf Werthern-Beichlingen an Graf Rantzau vom 6. 3. 1884 (München), in: Philippi, S. 101
»*Lieber Karl! Lasse dir* ...«: Ludwig II. an Karl Hesselschwerdt, o.D. (ungefähre Datierung: 1884/85), Handschriften-Sammlung Robert Holzschuh
Zum Wort »Kunis«: vgl. Anm. zu S. 48

S. 58 **»*Lieber Karl! Nachdem* ...«:** Ludwig II. an Karl Hesselschwerdt, o.D. (ungefähre Datierung: 1884/85), Handschriften-Sammlung Robert Holzschuh

S. 59 **»*Lieber Karl! Sorge* ...«:** Ludwig II. an Karl Hesselschwerdt, o.D. (ungefähre Datierung: 1884/85), Handschriften-Sammlung Robert Holzschuh
Herrenchiemsee: Seit 1881 hielt sich der König – zur Beaufsichtigung der Bauten – alljährlich einmal im Herbst auf der Herreninsel im Chiemsee auf. Er wohnte dann jeweils im Alten Schloß, so auch vom 30. September bis 9. Oktober 1884 (vgl.: Merta, Franz, *Die*

*Aufenthalte des Königs in den Residenzen, Schlössern und Berg-
häusern*, in: Rall/Petzet/Merta, S. 177). Nur ein einziges Mal, im
Herbst 1885, benutzte er für mehrere Tage sein Appartement im
Neuen Schloß.

S. 61 **»Lieber Karl! Du weißt ...«:** Ludwig II. an Karl Hesselschwerdt,
o.D. (ungefähre Datierung: Herbst 1884), Handschriften-Sammlung Robert Holzschuh

S. 65 **Die Separatvorstellungen:** Hommel (S. 195) gibt eine Pressenotiz
des *Münchener Fremdenblattes* vom 2. 9. 1884, Nr. 246 wieder:
»Eine Separatvorstellung des ›Parsifal‹ für Se. Majestät den König
wird im November im Münchener Hoftheater stattfinden, und
zwar dieses Mal ausschließlich mit Münchener Kräften. Vogl wird
(zum ersten Male) den Parsifal, seine Frau (gleichfalls zum ersten
Male) die ›Kundry‹ singen ...«
    Parsifal, das letzte Musikdrama Richard Wagners und auch sein
letztes Werk im Spielplan Ludwigs II., konnte nach dem Willen
Wagners bis 1913 nur in Bayreuth aufgeführt werden. Daneben
durfte nur sein Förderer Ludwig II. das Bühnenweihfestspiel im
Rahmen seines privaten Spielplans, d. h. für seine Separatvorstellungen, aufführen.
    Im Herbstspielplan des Jahres 1884 war zwar für den 5., 7. und
9. November *Parsifal* vorgesehen; da jedoch einer der Hauptdar-
steller am 9. November verhindert war, führte man unter der Regie
von Anton Fuchs »Die Stumme von Portici« von Daniel François
Esprit Auber (1782–1871) auf, eine historische Oper, die damals
in München eher als Lückenbüßer galt (vgl.: Hommel, S. 195 f.).
    Die letzten Separataufführungen für Ludwig II. fanden im
Herbst 1884 und im Frühjahr 1885 statt.
    »In Eile diese ...«: Ludwig II. an Karl Hesselschwerdt vom 9. 11.
1884 (München), Handschriften-Sammlung Robert Holzschuh
    Zur Schreibweise »Parsifal«: Die Schreibweise »Parsifal« (an
Stelle von »Parzival«) besteht erst seit Abfassung der Urschrift der
Dichtung im Februar 1877; Ludwig II. bevorzugte freilich die
Schreibweise »Parcival« (vgl. Hüttl, S. 56).

S. 66 **Zu den kriminellen Befehlen Ludwigs II.:** Hacker, S. 303

S. 67 **»herzlos, grausam ...«:** Holstein, S. 94

S. 68 **»Eurer Majestät wagt ...«:** Syberburg, S. 155
    zur Behandlung der Diener: Eulenburg, S. 23

S. 69 **»durch Demut ...«:** Ludwig II. an Richard Wagner vom 30. 9. 1877,
in: Merta, S. 324

»Du weißt, lieber Karl ...«: Ludwig II. an Karl Hesselschwerdt vom 12. 3. 1885 (München), Handschriften-Sammlung Robert Holzschuh

Schand-R. (Rutz): Es handelt sich um den Chevauleger Wilhelm Rutz, der im königlichen Dienst stand und des öfteren beim König in Ungnade fiel.

Clemens Graf von Toerring-Jettenbach: Nach der Entmündigung Ludwigs II. wurde er neben Oberststallmeister Maximilian Graf von Holnstein als weiterer Kurator für die persönlichen und privatrechtlichen Interessen des entmündigten Königs bestellt.

Der Etat des königlichen Haushalts: Er bestand im wesentlichen aus dem Etat der **Hofkasse**, aus dem die verschiedenen Hofstellen bezahlt wurden, nämlich die Stäbe des Obersthofmeisters, des Oberstkämmerers, des Obersthofmarschalls und des Oberststallmeisters, ferner – neben dem Etat des Ritterordens vom Hl. Georg und dem Etat der Hofrechnungs-Revisionsstelle – die Intendanzen der Hofjagd, der Hofmusik und der Hoftheater (d. h. des Alten Residenztheaters, des Hof- und Nationaltheaters und des Königlichen Hoftheaters am Gärtnerplatz). Daneben bestand separat als Unterkonto der Hofkasse die sog. **Kabinettskasse**, die mit dem Kabinett als dem Regierungsgremium nichts zu tun hat. Sie war die eigentliche Privatkasse des Königs. Während aus der Hofkasse meist feststehende Personal- und Sachkosten der einzelnen Hofstellen zu zahlen waren, konnte der König über die Kabinettskasse frei verfügen; aus ihr wurden daher auch die königlichen Bauten finanziert.

Der königliche Haushalt wurde über die sogenannte Zivilliste von 4,2 Millionen Mark vor allem aus öffentlichen Mitteln gespeist. Da hiervon vorweg rund 3 Millionen Mark für die Hofkasse, also für die einzelnen Hofstellen der königlichen Hofhaltung, zu verausgaben waren, war der finanzielle Spielraum der Kabinettskasse für die privaten Ausgaben des Königs und auch für seine privaten Schloßbauten zwar – nach Ansicht des Parlaments – reichlich bemessen, aber für Ludwig II. bei weitem nicht ausreichend, um alle seine Pläne zu verwirklichen, so daß der König Schulden aufzunehmen hatte, die sich bis zu seinem Tod zu einem Betrag von 14 Millionen Mark auftürmten; dies entspricht nach heutiger Kaufkraft rund 140 Millionen Euro.

Georg von Dollmann (1830–1895): Er war ein Schüler Leo von Klenzes, seit 1868 arbeitete er als Privatarchitekt des Königs; 1875 wurde er zum Königlichen Hofbaudirektor ernannt. Er hatte nicht nur die Baupläne zu entwerfen, sondern war auch für die Bauleitung und Bauüberwachung der folgenden Schlösser bis 1884 verantwortlich:

Die Arbeiten am Schloß **Linderhof**, die 1869 begannen, waren im Jahr 1878 nahezu abgeschlossen. Doch plante der König später weitere Ausbauten und Umbauten, so Ende 1884 vor allem den Umbau und die Vergrößerung des Paradeschlafzimmers. Schloß Linderhof bleibt auch das einzige Schloß, das zu den Lebzeiten Ludwigs II. fertiggestellt wurde und in dem er lange und oft wohnte.

Der Bau der Burg **Neuschwanstein**, deren Grundstein 1869 gelegt wurde, war noch lange nicht vollendet; mit den Bauarbeiten für den Thronsaal und den Sängersaal wurde in 1884 begonnen.

Währenddessen waren die Arbeiten an der Großbaustelle des Schlosses in **Herrenchiemsee**, für das der Grundstein im Jahre 1878 gelegt wurde, bereits in vollem Gange; die nächsten Planungen sahen hier für das Jahr 1884 hauptsächlich den Ausbau des sogenannten »Kleinen Appartements« vor, das die privaten königlichen Wohnräume (das private Schlafzimmer, das Toilettezimmer, das Arbeitszimmer und das ovale Speisezimmer) umfaßt, die im Stil Ludwigs XV. konzipiert sind – im Gegensatz zu dem im Jahr 1881 vollendeten »Großen Appartement« mit den Schauräumen im Stil Ludwigs XIV.

»Die Termine müssen ...«: Ludwig II. an Karl Hesselschwerdt vom 1. 12. 1883 (Hohenschwangau), Handschriften-Sammlung Robert Holzschuh

Der »Thronsaal« in Neuschwanstein: Er sollte nach einer früheren Planung aus dem Jahr 1880 im Juni 1885 vollendet sein (vgl. Baumgartner, S. 92 und 94); nun soll er wegen des Kleinen Appartements im Schloß Herrenchiemsee ein Jahr später fertiggestellt werden.

Die »Zeichnungen für die Toilette«: Gemeint sind die Zeichnungen für das neben dem Schlafzimmer gelegene Ankleidezimmer (Toilette-Kabinett) im Schloß Herrenchiemsee.

Die »Stickereien« (der Firma Jörres): Die Firma Mathilde und Dora Jörres, die 80 bis 100 Stickerinnen beschäftigte und damit das größte Atelier dieser Art in München war, führte vor allem die aufwendigen Gold- und Buntstickereiarbeiten für die Königsschlösser in Linderhof und Herrenchiemsee aus; für die Stickereien zum Prunkbett für das Schloß Herrenchiemsee waren allein 20 Gehilfinnen der Firma Jörres 7 Jahre lang beschäftigt.

S. 75　**Ludwig II. baut nicht für die Nachwelt:** vgl. Petzet, Michael, *König Ludwig II. und die Kunst*, in: Rall/Petzet/Merta, S. 136

Ludwig II. versperrt seiner Verwandtschaft den Zutritt zu seinen Schlössern: Davon ausgenommen waren Prinz Ludwig Ferdinand von Bayern (1859–1949) (aus der Linie Adalbert des bayerischen Königshauses) und dessen von Ludwig XIV. abstammende Gemahlin Maria de la Paz (1862–1946), eine Schwester von Alfons XII., dem König von Spanien. Unter der Auflage, daß die bayerische Verwandtschaft davon nichts erfahre, durften sie das Schloß Herrenchiemsee ein einziges Mal besichtigen (Adalbert, Erinnerungen, S. 15).

»Lieber Karl! Dies schreibe ich ...«: Ludwig II. an Karl Hesselschwerdt vom 4. 1. 1884, Handschriften-Sammlung Robert Holzschuh

Die für Richard Wagner bestimmten Gelder: Sie konnten neu verplant werden, nachdem Richard Wagner am 13. 2. 1883 in Venedig verstorben war.

S. 76 **Der *»Schreibtisch«* auf Schloß Herrenchiemsee:** Ludwig II. ließ sich 1884 in Paris für das »Bureau du Roi« in Herrenchiemsee nach dem Vorbild des für das Arbeitszimmer Ludwigs XV. im Louvre geschaffenen Möbels einen großen Rollenschreibtisch aus Rosenholz und voller Intarsien anfertigen. Er kostete 55 000 Goldmark (vgl. Nöhbauer, S. 75), also nach heutigen Werten ca. eine halbe Million Euro. Glanzstück war das in vergoldeter Bronze gearbeitete Schreibzeug (vgl. Kobell, S. 157).

Die *»Standuhren«* auf Schloß Herrenchiemsee: Im Arbeitszimmer auf Schloß Herrenchiemsee stehen – außer der sogenannten »Elephantenuhr« – die von Ludwig II. hier genannten beiden großen Standuhren von C. Schweizer, nämlich die sogenannte »Felsenuhr« – sie zeigt die Erdkugel, die Sonne, den Mond und den Erdkreis – und die Uhr mit dem Glockenspiel, welche die Minuten, Stunden, Tage, Wochen und Jahre angibt.

»Näheres über den Schweden«: Dem Auftrag, sich nach Stockholm zu Oskar II., dem König von Schweden und Norwegen, zu begeben, um ein Darlehen zu besorgen, entzog sich Hesselschwerdt; statt dessen wurde dorthin – ohne jeden Erfolg – ein Flügeladjudant geschickt (vgl. Grein, S. 153).

»keine eigene Willkürlichkeit«: Petzet, Michael, *König Ludwig II. und die Kunst,* in: Rall/Petzet/Merta, S. 131

S. 78 *»Lieber Karl! Früher schon ...«:* Ludwig II. an Karl Hesselschwerdt vom 10. 1. 1884 (Hohenschwangau), Handschriften-Sammlung Robert Holzschuh

Die *»englische Sammlung«*: Als Vorbilder für die Ausstattung des Schlosses Herrenchiemsee zog Ludwig II. unter anderem auch

Stücke der Sammlung des vierten Marquess of Herford und dessen Sohn Sir Richard heran.

S. 79 **Fürst Taxis:** Gemeint ist Maximilian (7.) Fürst von Thurn und Taxis (1862–1885) in Regensburg.

Das »*ovale*« Zimmer: Es ist das Porzellankabinett im Kleinen Appartement des Königs auf Schloß Herrenchiemsee.

Die »*Zeichnung für das nef und für das cadenas*«: Bei dem nef (frz.: Schiff) handelt es sich um einen Besteckbehälter, der in der Form eines Schiffes ausgeführt ist und in dem das persönliche Besteck des Königs, die Serviette sowie Salz, Gewürz und Brot verwahrt wurden. Das cadenas (frz.: Schließe), ein Behältnis in Form eines verschließbaren Kastens, diente der gleichen Funktion.

Die beiden Besteckbehälter im Speisezimmer des Schlosses Linderhof, die Franz Bronchier 1883/84 entwarf und Eduard Wollenweber d. J. in vergoldeter Bronze ausführte, zählen zu den Schlüsseldokumenten der Kunst Ludwigs II.: Ähnliche Gefäße standen auf den Prunktafeln der Bourbonenkönige; das verlorengegangene nef Ludwigs XV. mag vielleicht sogar als Vorlage für das nef Ludwigs II. gedient haben (vgl. Lorenz Seelig, *Gold und Silber, Bronze und Zink zur Metallkunst unter König Ludwig II.*, in: Hoyer, S. 102 f.).

Die »*Kandelaber*«: Gemeint sind die romanischen Kandelaber im Sängersaal des Schlosses Neuschwanstein.

S. 80 **»*Lieber Karl! Aus allem …*«:** Ludwig II. an Karl Hesselschwerdt vom 25. 1. 1884, Handschriften-Sammlung Robert Holzschuh

»*Kramer Klett*«: Theodor Freiherr von Cramer-Klett (1817 bis 1884) – von Ludwig II. als »Kramer Klett« bezeichnet – der Schwiegersohn des Firmengründers Johann Friedrich Klett, war Alleinaktionär der Maschinenbau A.G., Nürnberg, die 1898 mit der Maschinenfabrik Augsburg zur heutigen MAN Aktiengesellschaft fusionierte.

Er hatte seit längerer Zeit geschäftliche Beziehungen zum königlichen Hof; die Firma Cramer-Klett errichtete beispielsweise 1869 den freitragenden Eisenskelettbau für den Wintergarten in der Münchner Residenz. Auf seiner Frankenreise Ende 1866 ernannte Ludwig II. Cramer-Klett zum Reichsrat auf Lebenszeit (in: Nöhbauer, S. 179), 1876 erhielt er die erbliche Freiherrenwürde.

»*Faber*«: Lothar Freiherr von Faber (1817–1896) war der Inhaber der Bleistiftfabrik *A. W. Faber* in Stein bei Nürnberg. 1865 wurde er zum Reichsrat der Krone Bayerns ernannt, legte aber bereits vier Jahre später dieses Amt nieder, da er in seinen »Verhältnissen fernerhin zweien Herren nicht dienen« wollte. 1881 erhob ihn König Ludwig II. in den erblichen Freiherrenstand.

Die »*Reichsräte*«: Die Kammer der Reichsräte (das Herrenhaus) bildete zusammen mit der Kammer der Abgeordneten den Landtag des Königreichs Bayern. Der Kammer der Reichsräte gehörten die königlichen Prinzen, die Standesherren, die Bischöfe und die vom König auf Lebenszeit ernannten Reichsräte an, welche die Interessen der Gesellschaft, der Wissenschaft und der Wirtschaft in diesem Gremium vertreten sollten.

S. 82 **»ein schneller und wendiger Arbeiter ...«:** Aussage von Heinrich Kneisel, in: Blunt, S. 124

S. 83 **Erlanger:** Neben englischen Bankiers schaltete Pfister auch den französischen Bankier Erlanger ein. Als Sicherheiten bot man neben Gemälden und Wertgegenständen aus dem königlichen Privatvermögen auch die Insel Herrenwörth einschließlich des Alten Schlosses (des ehemaligen Augustiner-Chorherrenstifts) und der dazugehörigen weitläufigen Landwirtschaft und der berühmten Brauerei an; die Kreditsuchenden veranschlagten den Wert des Besitzes in Herrenwörth auf sieben Millionen Mark.
»... *Pfister hat sich ...*«: Ludwig II. an Karl Hesselschwerdt vom 14. 2. 1884 (München), Handschriften-Sammlung Robert Holzschuh (In diesem Brief geht es um den Ausbau des Neuen Schlosses in Herrenchiemsee, an dem zu dieser Zeit dem König vor allem gelegen war.)

S. 84 **»Bayern stehe vor einem Aufstand«:** Schüssler, Wilhelm, *Das Geheimnis des Kaiserbriefes Ludwigs II.*, in: *Geschichtliche Kräfte und Entscheidungen*, Festschrift zum 65. Geburtstage von Otto Becker, Wiesbaden, S. 207

S. 85 **»*Erfreulich ist es ...*«:** Ludwig II. an Karl Hesselschwerdt, o.D. (ungefähre Datierung: Frühjahr 1884), Handschriften-Sammlung Robert Holzschuh
»*Hole den Grafen zuvor noch aus ...*«: Gemeint ist Maximilian Graf von Holnstein.
»*Besonders rühren sich ...*«: Graf Werthern-Beichlingen an Graf Kuno Rantzau, 6. 3. 1884 (München), in: Philippi, S. 101

S. 86 **»*Malsen*«:** der Oberstkämmerer Ludwig Freiherr von Malsen
»daß vielleicht 3–4 Millionen ...«: Philipp Pfister an Graf Kuno Rantzau, 18. 3. 1884, (München), in: Philippi, S. 101

S. 87 **»Das jüdische Privatkapital ...«:** Philipp Pfister an Dr. Rottenburg, 29. 2. 1884 (München), in: Philippi, S. 98

S. 88 **»an der Seele seines Gebieters ...«:** Georg Graf von Werthern-Beichlingen an Graf Kuno Rantzau, 6. 3. 1884 (München), in: Philippi, S. 100
»Des Allerhöchsten volle ...«: Philipp Pfister an Graf Kuno Rantzau, 18. 3. 1884 (München), in: Philippi, S. 102

S. 89 **Das Fideikommiß Maximilians II.:** Das Scheitern des Versuchs, über das Fideikommiß ohne die Zustimmung der Agnaten aus dem Wittelsbacher Haus zu verfügen, schildert der Hofsekretär Pfister in seinem Schreiben vom 31. 3. 1884 an Dr. Rottenburg (Philippi, S. 104):
»Der Plan der Minister, den Wertbestand des Fideikommisses zu 4½ Mill. im Wege einfacher Verwaltungsmaßnahme zu veräußern und dafür eine 5 % Hypothekenschuld des Königs auf seinen neuen Schlössern zu errichten, scheiterte an der Hartnäckigkeit der Juristen der Hypothekenbank, welche die Umschreibung der auf Namen lautenden Aktien von einem Zeugnisse des Hausministers v. Crailsheim abhängig machten, daß der Fideikommißverwalter von Bürkel zur Veräußerung der bez. Effekten befugt sei.
Der Minister verweigerte dieses Zeugnis aus Furcht vor persönlicher zivilrechtlicher Haftung, sich hinter die Einrede der Inkompetenz verschanzend; der Fideikommißverwalter, der die Aktien bereits der Bank übergeben hatte, verlangte sie infolgedessen zurück, weil auch ihm die Augen über das zivilrechtliche Risiko aufgingen.«
»die Bitte abgeschlagen ...«: Georg Graf von Werthern-Beichlingen an Graf Kuno Rantzau, 6. 3. 1884 (München), in: Philippi, S. 100
»Daß dem Könige ...«: Georg Graf von Werthern-Beichlingen an Graf Kuno Rantzau, 29. 3. 1884 (München), in: Philippi, S. 103 f.

S. 90 **»Allerdurchlauchtigster König ...«:** Otto von Bismarck an Ludwig II., 2. 4. 1884 (Berlin), in: *Süddeutsche Monatshefte*, Nr. 9 vom Juni 1932, S. 642

S. 91 **»Der beabsichtigte und ...«:** Philipp Pfister an Georg Graf von Werthern-Beichlingen, 4. 4. 1884, in: Philippi, S. 105

S. 92 **»Mit jenem Graf H. ...«:** Ludwig II. an Karl Hesselschwerdt, o.D. (ungefähre Datierung: Frühjahr 1884), Handschriften-Sammlung Robert Holzschuh

»**Auf dieses Ziel …**«: Georg Graf von Werthern-Beichlingen an Graf Kuno Rantzau, 29. 3. 1884 (München), in: Philippi, S. 103

S. 93   »*Ich wiederhole…*«: Ludwig II. an Karl Hesselschwerdt, o. D. (ungefähre Datierung: Frühjahr 1884), Handschriften-Sammlung Robert Holzschuh

Die »*Königsportraits*«: Ludwig II. spricht zu Recht von den Königsportraits, denn durch einen Druck auf eine Rosette verschwand das Bild Ludwigs XIV., und an dessen Stelle erschien das Portrait Ludwigs XV. Über dieses Kunstspielzeug, das den König besonders amüsierte, schreibt Kobell (S. 158):

»Ludwig II. machte dies mechanische Kunstwerk anfangs so viel Spaß, daß er beständig seine gekrönten Lieblinge auf und ab wandern ließ; infolgedessen versagte der Apparat schon am zweiten Tage den Dienst und mußte sich in der Reparaturkammer neue Federkraft holen.«

Das von Franz Brochier entworfene prunkvolle Schreibzeug – etwa 70 cm breit und fast so hoch – für den Schreibtisch im »Bureau du Roi« des Schlosses Herrenchiemsee (vgl. Anm. zu S. 76) führte die Firma Ferdinand Harrach & Sohn in Bronze aus; die figürlichen Partien entwarf Franz Widnmann, Josef von Kramer modellierte das Schreibzeug (in: Hoyer, S. 103). Nach dem Tod des Königs ist es auf einer Auktion versteigert worden.

S. 96   »**die Entfernung der Berliner Subvention …**«: Philipp Pfister an Graf Holnstein, 1. 6. 1884 (München), in: Philippi, S. 110 f.

S. 97   »**Einigen Anteil an diesem Erfolge …**«: Philipp Pfister an Dr. Rottenburg, 19. / 20. 5. 1884 (München), in: Philippi, S. 108

»*Sehr mißfällt es mir …*«: Ludwig II. an Karl Hesselschwerdt, o. D. (Datierung: 1884), Handschriften-Sammlung Robert Holzschuh

S. 98   **Das »*Apollo-Bassin*«:** Für dieses Bassin in der unvollendet gebliebenen Gartenanlage des Schlosses Herrenchiemsee war die vergoldete Bronzegruppe »Apollo im Sonnenwagen« vorgesehen, die 1885 erstellt werden sollte. Sie wurde nicht mehr ausgeführt.

»*Wie schändlich …*«: Ludwig II. an Karl Hesselschwerdt, o. D. (ungefähre Datierung: Mai / Juni 1884), Handschriften-Sammlung Robert Holzschuh

S. 99   »**Moral will mich …**«: Georg Graf von Werthern-Beichlingen an Graf Rantzau, 6. 3. 1884 (München), in: Philippi, S. 100 f.

»*Besorge dies …*«: Ludwig II. an Karl Hesselschwerdt vom 28. 5.

1884 (Neuschwanstein), Handschriften-Sammlung Robert Holzschuh

S. 100 **Ludwig II. in der Residenzstadt München:** Von Mai 1884 bis Mai 1885 verbrachte Ludwig II., der in diesem Zeitraum noch dreimal nach München kam, insgesamt 2 Monate dort. Vom 12. 5. 1885 bis zu seinem Tod am 13. 6. 1886 suchte er München nicht mehr auf (vgl. das Itinerar von Merta in Rall/Petzet/Merta, S. 177 f.).
»... wenn man das verfluchte Nest ...«: Hacker, S. 281

S. 102 **Schwoiser:** Er malte Fresken in Linderhof (im Plafond des Spiegelsaals »Die Geburt der Venus«), in Neuschwanstein (im Mittelzimmer der Torbauwohnung »Die Szenen aus dem Ritterleben«) und in Herrenchiemsee insgesamt drei Plafondgemälde: im Salle der Œeils de bœuf die Aurora, im Beratungssaal (Salle du Conseil) die »Götterversammlung« und im Paradeschlafzimmer (Chambre de Parade) den Apollo.
»Schwoiser soll im großen Schlafgemach ...«: Ludwig II. an Karl Hesselschwerdt, o.D. (ungefähre Datierung: 1885), Handschriften-Sammlung Robert Holzschuh

S. 103 **Die politische Stellung des Kabinettssekretärs und des Hofsekretärs:** Während der Kabinettssekretär die Verbindung des Monarchen zu den Ministerien und zur Politik herzustellen und die amtlichen Angelegenheiten zu bearbeiten hatte, war der Hofsekretär für die Privatangelegenheiten, vor allem für die Bauangelegenheiten und die Finanzen des Königs, zuständig. Es versteht sich von selbst, daß die Finanzfragen in den letzten Lebensjahren des Königs, vor allem wegen der desolaten finanziellen Lage der Hofkasse, die bedeutenderen waren. Andererseits beschleunigte aber gerade die Entmachtung des Kabinettssekretariats, das früher eine Schlüsselposition im Staat innehatte, und die Vernachlässigung des engen Kontakts zu den sechs Staatsministern letztendlich die politische Katastrophe des Jahres 1886.
»Es ist ein Sumpf ...«: Rummel, S. 179
Richard Hornig und Lorenz Mayr: Richard Hornig und Lorenz Mayr, der seit 1881 Leiter des persönlichen unteren Kammerdienstes war, nahmen seit dem Abgang von Oberststallmeister Graf Holnstein im Juli 1884 – neben Hesselschwerdt – eine Schlüsselposition ein; sie stellten die nahezu einzige Verbindung des Königs zur Außenwelt her.
  Zwei Jahre vorher war Mayr in Ungnade gefallen: Als der König

mit den Schuhen in der Hand auf Mayr zukam, hatte dieser – so empfand es Ludwig – die Majestät zu scharf angesehen. Als Strafe mußte er ein Jahr lang beim Bedienen des Königs eine schwarze Maske mit lang herabhängendem, schwarzseidenem Larvenbart tragen (vgl. Hacker, S. 301 f.). Mayr, der trotz der unwürdigen Behandlung durch den König im Hofdienst blieb, genoß dann wieder voll das Vertrauen des Königs. Mayr war stets über alles eingeweiht, was in der Kammer vorging, und war damit für den König unentbehrlich.

S. 105   **»... *lasse das Austrocknen* ...«:** Ludwig II. an Karl Hesselschwerdt vom 28. 1. 1884 (Linderhof), Handschriften-Sammlung Robert Holzschuh. Ludwig legte alle Einzelheiten für den Porzellankamin, den Konsoltisch und den darüber angebrachten Porzellanspiegel mit den Armleuchtern und den vergoldeten Blattornamenten und Voluten fest; die seitlichen Rahmen des Spiegels sollten wie die Stämme von Orangenbäumen gestaltet werden, um die sich Blätter und Blüten und Zweige mit Orangen ranken (vgl. auch Hoyer, S. 330 f.).
Der »*nördliche Flügel*«: Als im Herbst 1885 die Bauarbeiten am Schloß Herrenchiemsee wegen Geldmangels eingestellt wurden, war der nördliche Seitenflügel erst im Rohbau fertig; er wurde 1907 abgerissen.

S. 106   **Die Finanznot Ludwigs II.:** Während in der Zeit von 1869 bis 1880 für das Schloß Neuschwanstein rund zwei Millionen Mark aufgewandt wurden, fielen für den weiteren Ausbau dieser Burg in den Jahren 1880 bis 1886 nochmals mehr als vier Millionen Mark an. Und in diesen Jahren kamen noch die Kosten für das Schloß Herrenchiemsee hinzu, bei denen sich eine noch stärkere Kostenexplosion anbahnte (Hoyer, S. 294).

S. 107   **Keine »weitere Sicherheit als ...«:** Rat Klug an Lorenz Mayr vom 10. 12. 1885, in: Grein, S. 127
Verkauf oder Tausch Bayerns: Die Überlegungen der Wittelsbacher, Bayern zu verlassen, hatte schon in den vorangegangenen Jahrhunderten eine gewisse Tradition. Schon Kurfürst Max Emanuel (1662–1726) spielte mit dem Gedanken, sein Land Bayern gegen ein Königreich einzutauschen, ganz gleich, ob es nun Neapel-Sizilien oder Mailand oder das Gebiet des jetzigen Belgien wäre. Später wollte Kurfürst Karl Theodor (1742–1799) Bayern gegen die österreichischen Niederlande eintauschen.

S. 108 **»… weil bei diesen Ländern …«:** Petzet, Michael: *König Ludwig II. und die Kunst,* in: Rall/Petzet/Merta, S. 132
»*Lieber Rat Klug!* …«: Ludwig II. an Ludwig Klug vom 25. 1. 1886, in: Grein, S. 133

S. 109 **»*Mein lieber Minister* …«:** Ludwig II. an Max Freiherr von Feilitzsch vom 26. 1. 1886, in: Memminger, S. 283 ff. und Böhm, S. 613 ff.

S. 110 **Zu den Finanzen Ludwigs I.:** Unter König Ludwig I. waren 20 Millionen aus der Staatskasse zur Begleichung von Verbindlichkeiten und für Bauten verwendet worden; allerdings stammten damals diese Gelder aus staatlichen Überschüssen. Es kam seinerzeit zu einem schweren Verfassungsstreit, den man erst durch die Verständigung vom 12. Juli 1843 bereinigte; seitdem konnte über staatliche Überschüsse ohne Mitwirkung des Landtags nicht mehr verfügt werden.

S. 111 **Zur »Reise« Hesselschwerdts nach Neapel:** Hacker, S. 322 f.
»mit einer Niederlage enden …«: Johann Lutz an Ludwig Klug vom 6. 1. 1886, in: Hacker, S. 317
Kleeberg: Hüttl, S. 377 ff.

S. 112 **»*Jetzt ist es leicht* …«:** Ludwig II. an Karl Hesselschwerdt, o. D. (Datierung: 9. 4. 1886) (Hohenschwangau), Handschriften-Sammlung Robert Holzschuh
Hofmann: An die Stelle des Hofbaudirektors Georg Dollmann war am 16. Oktober 1884 Julius Hofmann (1840–1896) getreten, der bereits seit Jahren am Bau der Burg Neuschwanstein und des Schlosses in Herrenchiemsee beteiligt war und von Dollmann protegiert wurde. Er war stolz, »sich berufen zu fühlen, die großartigsten und idealsten Werke der Gegenwart zu errichten, begeistert zu doppelter Willens- und Tatkraft« (Julius Hofmann an das Hofsekretariat am 23. 9. 1885, in: Tschoeke, S. 155).
   Julius Hofmann arbeitete 1858 mit seinem Vater im Auftrag von Erzherzog Maximilian von Österreich, dem späteren Kaiser von Mexiko, an der Ausschmückung des Schlosses Miramare bei Triest. Im Jahr 1864 folgte er Kaiser Maximilian nach Mexiko, um dort das Rathaus in eine kaiserliche Residenz zu verwandeln. Nach dem Tod Maximilians siedelte er nach München um, seit 1867 war er für die Bauten König Ludwigs II. tätig und machte sich als virtuoser Entwurfskünstler einen Namen.
Zu den Finanzen Ludwigs II.: Meldungen, die an die Regierung in München durchgesickert waren, schienen zu bestätigen, daß Hes-

selschwerdt über mehr oder weniger fragwürdige Mittelsmänner in München angeblich Kontakte zu Bankiers in Paris knüpfte, um eine Anleihe von 40 Millionen Francs für den König von Bayern zu erlangen. Es kann als zweifelhaft gelten, ob solche Verhandlungen wirklich ernsthaft geführt wurden und ob dabei neben der Verpfändung der Familiendomänen der Wittelsbacher auch die Neutralität Bayerns zugesagt werden sollte.

S. 113 »**eigentümliches Spiel ...**«: Hüttl, S. 378
»*Bedenke, daß ...*«: Ludwig II. an Karl Hesselschwerdt, o.D. (ungefähre Datierung: Frühjahr 1886), Handschriften-Sammlung Robert Holzschuh
Adalbert Welker: vgl. S. 47 und Memminger, S. 265

S. 114 »**Nichts von Einstellung ...**«: Ludwig II. an Prinz Ludwig Ferdinand von Bayern, 16. 4. 1886, zitiert von Müller-Mehlis, *Ludwigs II. letzter Brief*, in: *Münchner Merkur*, Nr. 262 vom 14. 11. 1975, S. 22
Ladenburg: Carl Ladenburg (1827–1909), der einer jüdischen Familie entstammte und dessen Vorfahren aus Neuburg (an der Donau) über Ladenburg nach Mannheim kamen, war Inhaber eines bekannten Bankhauses in Mannheim. Er beeinflußte in hohem Maße die industrielle Entwicklung Badens und der Pfalz. So war er beispielsweise Mitbegründer der BASF, der Badischen Bank und der Zellstoffabrik Waldhof; in diesen Unternehmen fungierte er auch jeweils als Vorsitzender des Verwaltungsrats. In zahlreichen weiteren Unternehmen war er Mitglied des Verwaltungsrats, so bei der Süddeutschen Eisenbahn-Gesellschaft, der Mannheimer Dampfschlepp-Schiffahrtsgesellschaft und der Badischen Assekuranzgesellschaft »Vita«, der späteren Hamburg-Mannheimer Versicherungs-Gesellschaft. Politisch gehörte er der Nationalliberalen Partei an; er vertrat Mannheim zeitweise in der II. Kammer der badischen Landstände.
Da »muß doch etwas zu erreichen sein ...«: Ludwig II. an Karl Hesselschwerdt, o.D. (Datierung: 1885), Handschriften-Sammlung Robert Holzschuh
»*Ich las gerade ...*«: Ludwig II. an Karl Hesselschwerdt, o.D. (Datierung: 9. 4. 1886, Hohenschwangau), Handschriften-Sammlung Robert Holzschuh
Prinz Wilhelm von Württemberg (1848–1921): Er heiratete am 8. April 1886 Charlotte von Schaumburg-Lippe (1864–1946). Charlotte war jedoch nicht – wie Ludwig II. annimmt – die Tochter von Fürst Adolf Georg von Schaumburg-Lippe, sondern dessen Nichte.
Reisen nach Indien und in die Türkei: Hacker, S. 322 u. S. 462

S. 115 **»Ich habe damals nicht …«:** Ludwig II. an Karl Hesselschwerdt, o.D. (Datierung: 9. 4. 1886) (Hohenschwangau), Handschriften-Sammlung Robert Holzschuh
Reise nach Persien: Sexau, S. 315 f.

S. 116 **»die von der glühenden Sonne«:** Petzet, Michael, *König Ludwig II. und die Kunst,* in: Rall/Petzet/Merta, S. 135
»Ich hatte den Eindruck …«: Bismarck (Gesammelte Werke), Bd. 15, S. 242

S. 117 **»Allerdurchlauchtigster König …«:** Otto von Bismarck an Ludwig II. vom 14. 4. 1886, in: Rummel, S. 173 ff.

S. 118 **»Lies diesen sehr vernünftigen Brief …«:** Ludwig II. an Karl Hesselschwerdt, in: Rummel, S. 175

S. 119 **»Ich will hoffen …«:** Ludwig II. an Karl Hesselschwerdt, o.D. (ungefähre Datierung: April 1886), Handschriften-Sammlung Robert Holzschuh
Gresser: Wie Karl Hesselschwerdt bei seiner Vernehmung am 3. 6. 1886 aussagte, sollte der Hofsekretär Hermann Gresser auf Befehl des Königs nach Amerika verschleppt werden (vgl. Hacker, S. 303)
Mayer: Es handelt sich sicherlich um den Hoflakaien »Mayr«, dessen Name auch von anderen Zeitgenossen des öfteren »Mayer« geschrieben wurde.
Wilhelm Rutz (1865–1950): Der Hoflakai Rutz stammte aus Oberammergau (vgl. zu den Passionsspielen Hommel, S. 306).
»Jetzt in vollster Strenge …«: Notiz von Ludwig II., in: Rummel, S. 170

S. 120 **»Da Rutz so schändlich …«:** Notiz von Ludwig II., in: Rummel, S. 171

S. 121 **»Böhm gleich schreiben …«:** Notiz von Ludwig II.; in: Rummel, S. 171
»Der Elende verdient gar nicht …«: Notiz von Ludwig II., in: Hacker, S. 298

S. 122 **Die Aufträge an die Lakaien:** vgl. auch Böhm, S. 564
»Du bist in Ungnade …«: Osterauer, S. 125
»Die Brüller-Kanallie …«: Schreiben von Ludwig II., in: Hacker, S. 297

S. 123 **»*Hesselschwerdt muß* ...«:** Schreiben von Ludwig II., in: Rummel, S. 169f.
Böhm: Er war Zahnarzt des Königs.

S. 124 **Das Gutachten von Gudden:** In seinem Nekrolog auf Bernhard von Gudden (vgl. Schmidbauer-Kemper, S. 158f.) beschreibt Dr. Grashey, der Schwiegersohn Guddens, mit entwaffnender Einfalt und Offenherzigkeit die Vorgehensweise bei der Erstellung des Gutachtens.

S. 125 **»der in kaum glaublichem ...«:** Böhm, S. 621
»*Dem Hesselschwerdt schreiben* ...«: Ludwig II. an Lorenz Mayr, o.D. (ungefähre Datierung: Mai 1886), in: Grein, S. 152

S. 126 **Zur Lage der Diener nach dem Tod Ludwigs II.:** Sie wurden oft an weit entfernte Orte versetzt, so beispielsweise nach Metz wie der Flügeladjutant des Königs, Alfred Graf Dürckheim-Montmartin, und der Chevauleger Wilhelm Rutz.

Die meisten der Diener haben sich an die eidliche Verpflichtung zur Verschwiegenheit gehalten und – soweit sie sich äußerten – die positiven Seiten in den Vordergrund gerückt, wie beispielsweise auch der Chevauleger Wilhelm Rutz, der auf die Frage nach den Intimitäten am königlichen Hof antwortete: »Was ich der Lina (d. i. Karolina Rutz, seine Ehefrau) nicht gesagt habe, werde ich euch auch nicht sagen.« (Growasz, S. 545)

S. 127 **Die Bildung eines neuen Kabinetts** (eines neuen »Gesamtministeriums«): Hacker, S. 331 f.
»*Es fällt S. M. gar nicht ein* ...«: Lorenz Mayr an Karl Hesselschwerdt, o.D. (ungefähre Datierung: Mai 1886), in: Hacker, S. 328. Wenn in diesem Brief »sechs« und nicht »sechs Millionen Mark«, die vom Parlament gedeckt werden sollen, genannt sind, so entspricht das der üblichen Redeweise des Königs. In den späteren Landtagsverhandlungen zur Entmündigung des Königs warf man ihm als Beweis seines Irrseins unter anderem vor, »daß auf mehreren solchen Befehlszetteln nur die Zahl angegeben ist ohne den Beisatz des Wortes ›Million‹, welcher sich von selbst zu verstehen schien« (Hacker, S. 322).
»*Passe recht auf und besorge* ...«: Ludwig II. an Karl Hesselschwerdt vom 11. 5. 1886, in: Böhm, S. 624f. und Grein, S. 152f.

S. 128 **Friedrich von Ziegler** (1839–1897): Er soll Vorsitzender des Gesamtministeriums, also Ministerpräsident, werden und dem König auch die anderen Staatsminister vorschlagen.

St. Hubertus-Pavillon: Er sollte nach dem Vorbild der Amalienburg im Nymphenburger Schloßpark in der Umgebung des Schlosses Linderhof im Ammerwald entstehen. Nach dem Tode des Königs wurde der nicht vollendete Bau abgerissen.

S. 129 **Zu den Schenkungen Ludwigs II.:** vgl. hierzu Syberberg, S. 174

S. 130 **»Denken Sie daran, Sire, ...«:** Übersetzung aus dem Französischen übernommen von Grein, S. 119 u. S. 121 und in: Obermeier, S. 99 f. und S. 104
»Zum Schluß verschrieb ...«: Eulenburg, S. 24

S. 131 **»weil dasselbe eine *Schwäche* sei ...«:** Ausschnitte zum Ende des Königs Ludwigs II. von Bayern, in: *Jahrbuch für sexuelle Zwischenstufen mit besonderer Berücksichtigung der Homosexualität*, Leipzig 1901, S. 589

S. 132 **»Der Blick, der sich jetzt ...«:** Bismarck (Anhang zu den Gedanken und Erinnerungen), S. 336 f.
»Jemanden Verlässigen zu Bismarck ...«: Rall, Hans, *Leben und Tod König Ludwigs II.*, in: Rall / Petzet / Merta, S. 36
Schneider: Gemeint ist der Kabinettsekretär Alexander Schneider.
Prinz Ludwig Ferdinand: vgl. hierzu Adalbert (Erinnerungen), S. 16 und Adalbert (Residenz), S. 323

S. 133 **Die sog. »Kammerzeugen«:** Der Kreis der persönlichen Lebenszeugen von Ludwig II. war in seinen letzten Lebensjahren immer kleiner geworden. Übrig geblieben waren die Lakaien, Kammerdiener und die Hofsekretäre und Kabinettssekretäre.
Von den Vernommenen wurden die folgenden sieben sogenannten »Kammerzeugen« vereidigt, die das Entmündigungsverfahren gegen den König maßgeblich beeinflußten: Ministerialrat Friedrich von Ziegler, Oberregierungsrat Dr. Ludwig von Müller, Stallmeister Richard Hornig, Marstallfourier Karl Hesselschwerdt, Kammerdiener Adalbert Welker, Kammerlakai Lorenz Mayr und Kabinettssekretär Friedrich von Thelemann.
Der Kammerlakai Mayr sagte erst nach dem Tode des Königs aus. Der ehemalige Hofsekretär Bürkel verweigerte die Aussage.
»Seinetwegen kompromitiert ...«: Rall, Hans, *Leben und Tod König Ludwigs II.*, in: Rall / Petzet / Merta, S. 39
»Fliehen? Weshalb? ...«: Hacker, S. 348
»Wer kann nur ...«: Müller-Mehlis, *Ludwigs II. letzter Brief*, in: *Münchner Merkur*, Nr. 262 vom 14. 11. 1975, S. 22

Prinz Ludwig Ferdinand fährt nicht nach Neuschwanstein: Vgl. hierzu Sexau, S. 308 f., der sich auf die Aussagen und einen Brief des Prinzen Ludwig Ferdinand vom 10. 10. 1948 sowie auf ein Schreiben des Prinzen Adalbert Alfons (1886–1970) vom 24. 10. 1948 beruft.

S. 139   **Die Tagebücher Ludwigs II.:** Vgl. hierzu die Anmerkungen zu S. 28 (insbes. Franz Merta: *Die Tagebücher König Ludwigs II. von Bayern. Überlieferung, Eigenart und Verfälschung*, in: *Zeitschrift für bayerische Landesgeschichte*, Band 53, Heft 2, S. 319–396, München 1990)

S. 170   **Stationen im Leben Ludwigs II.:** Vgl. hierzu insbes. Franz Merta, der als erster ein Itinerar Ludwigs II. erstellte (in: Rall / Petzet / Merta, S. 176 ff.)

Literaturverzeichnis

Bezeichnung in den Anmerkungen

Adalbert Prinz von Bayern: *Erinnerungen 1900–1956*, München 1991 — Adalbert (Erinnerungen)

Adalbert Prinz von Bayern: *Als die Residenz noch Residenz war*, München 1967 — Adalbert (Residenz)

Baumgartner, Georg: *Königliche Träume. Ludwig II. und seine Bauten*, München 1981 — Baumgartner

Berg, Walther: *König Ludwig II. von Bayern. Das Lebensbild eines deutschen Fürsten*, Leipzig 1886 — Berg

Bismarck, Otto Fürst von: *Anhang zu den Gedanken und Erinnerungen, Kaiser Wilhelm I. und Bismarck*, Stuttgart und Berlin 1901 — Bismarck (Anhang zu den Gedanken und Erinnerungen)

Bismarck, Otto Fürst von: *Die gesammelten Werke.* Friedrichsruher Ausgabe, Berlin 1923–1932 — Bismarck (Gesammelte Werke)

Blunt, Wilfried: *Ludwig II. König von Bayern*, 8. Auflage, München 1970 — Blunt

Böhm, Gottfried von: *Ludwig II. König von Bayern. Sein Leben und seine Zeit*, 2. Auflage, Berlin 1924 — Böhm

Eulenburg-Hertefeld, Philipp, Fürst zu: *Das Ende König Ludwigs II. und andere Erlebnisse*, 1. Band (herausgegeben von Fürstin Augusta zu Eulenburg-Hertefeld), Leipzig 1934 — Eulenburg

Evers, Hans Gerhard: *Ludwig II. von Bayern. Theaterfürst – König – Bauherr. Gedanken zum Selbstverständnis*, München 1986 — Evers

Gebhardt, Heinz: *König Ludwig II. und seine verbrannte Braut.* Unveröffentlichte Liebesbriefe Prinzessin Sophie's an Edgar Hanfstaengl, Pfaffenhofen 1986 — Gebhardt

Glowasz, Peter: *Auf den Spuren des Märchenkönigs. Gesammelte Materialien über das Leben, Wirken und Sterben König Ludwigs II. von Bayern*, Berlin 1988 — Glowasz

Gregor-Dellin, Martin; Herre, Franz; Möckl, Karl; Petzet, Michael; Prinz, Friedrich; Schwaiger, Georg: *Ludwig II. Die Tragik des »Märchenkönigs«*, Regensburg 1986 — Gregor-Dellin

Grein, Edir: *Tagebuch-Aufzeichnungen von Ludwig II. König von Bayern*, Schaan / Liechtenstein 1925 — Grein

Grunwald, Konstantin; Waleffe, Pierre: *Ludwig II. Die Geschichte eines Märchenkönigs*, Gütersloh, o. J. — Grunwald

Hacker, Rupert: *Ludwig II. von Bayern in Augenzeu-*   Hacker
genberichten, 3. Auflage, München 1986

Herre, Franz: *Ludwig II. Bayerns Märchenkönig. Wahr-*   Herre
heit und Legende, 4. Auflage, München 1986

Hollweck, Ludwig (Hrsg.): *Er war ein König. Ludwig II.*   Hollweck
von Bayern. Erlebtes – Erforschtes – Erdichtetes von
Zeitgenossen und Nachfahren, München 1979

Holstein → Rich / Fisher

Hommel, Kurt: *Die Separatvorstellungen vor König*   Hommel
Ludwig II. von Bayern. Schauspiel / Oper / Ballett,
München 1963

Hoyer, Gerhard (Hrsg.): *König Ludwig II. Museum*   Hoyer
Herrenchiemsee. Katalog der Bayerischen Verwal-
tung der staatlichen Schlösser, Gärten und Seen,
München 1986

Hüttl, Ludwig: *Ludwig II. König von Bayern. Eine Bio-*   Hüttl
graphie, München 1986

Keller, Hans K. E. L. (Hrsg.): *Der König. Beiträge zur*   Keller
Ludwigsforschung, München 1967

Kobell, Louise von: *König Ludwig II. von Bayern und*   Kobell
die Kunst, München 1900

Linde, Fritz: *Ich, der König. Der Untergang Ludwigs*   Linde
des Zweiten, Leipzig 1928

Memminger, Anton: *Der Bayernkönig Ludwig II.*,   Memminger
Würzburg 1919

Merta, Franz: *Die Tagebücher König Ludwigs II. von*   Merta
Bayern. Überlieferung, Eigenart und Verfälschung, in:
Zeitschrift für bayerische Landesgeschichte, Band 53,
Heft 2, S. 319–396, München 1990

Nöhbauer, Hans F.: *Auf den Spuren König Ludwigs II.*   Nöhbauer
Ein Führer zu Schlössern und Museen, Lebens- und
Erinnerungsstätten des Märchenkönigs, München
1985

Obermeier, Siegfried (Hrsg.): *Das geheime Tagebuch*   Obermeier
König Ludwigs II. von Bayern 1869–1886, München
1986

Osterauer, Thomas: *Persönliche Erinnerungen an Kö-*   Osterauer
nig Ludwig II., in: *Münchner Zeitung*, 12 / 1930,
S. 114 / 115, 124 / 125

Petzet, Michael; Petzet, Detta: *Die Richard-Wagner-*   Petzet
Bühne König Ludwigs II. Mit Beiträgen von Martin
Geck und Heinrich Habel, München 1970

Philippi, Hans: *König Ludwig II. von Bayern und der*   Philippi
Welfenfonds, in: *Zeitschrift für bayerische Landesge-*
schichte, Bd. 23, 1960, S. 66–111

Rall, Hans; Petzet, Michael: *König Ludwig II. Wirklichkeit und Rätsel.* Mit einer umfassenden Übersicht über die Aufenthalte des Königs in den Residenzen, Schlössern und Berghäusern von Franz Merta, München/Zürich 1986   Rall/Petzet/Merta

Ranke, Winfried: *Joseph Albert. Hofphotograph der bayerischen Könige*, München 1977   Ranke

Rich, Norman; Fisher, M. H. (Hrsg.): *Die geheimen Papiere Friedrich Holsteins*, Bd. II. Tagebuchblätter, Göttingen/Berlin/Frankfurt 1957   Holstein

Richter, Werner: *Ludwig II. König von Bayern*, 8. Auflage, München 1975   Richter

Rummel, Walter von: *Ludwig II. Der König und sein Kabinettschef*, 2. Auflage, München 1930   Rummel

Schad, Martha: *Ludwig II.*, München 2000   Schad

Schmidbauer, Wolfgang; Kemper, Johannes: *Ein ewig Rätsel will ich bleiben mir und andern. Wie krank war Ludwig II. wirklich*, München 1986   Schmidbauer/Kemper

Sexau, Richard: *Fürst und Arzt. Dr. med. Herzog Carl Theodor in Bayern. Schicksal zwischen Wittelsbach und Habsburg*, Graz/Wien/Köln 1967   Sexau

Syberberg, Hans-Jürgen (Hrsg.): *Theodor Hierneis. Ein Mundkoch erinnert sich an Ludwig II.*, München 1972   Syberberg

Tschoeke, Jutta: *Neuschwanstein. Planungs- und Baugeschichte eines Königlichen Burgbaus im ausgehenden 19. Jahrhundert*, Nürnberg 1977   Tschoeke

Tschudi, Clara: *König Ludwig II. von Bayern*, Leipzig, o. J.   Tschudi

Wolf, Georg Jacob: *König Ludwig II. und seine Welt*, München 1922   Wolf

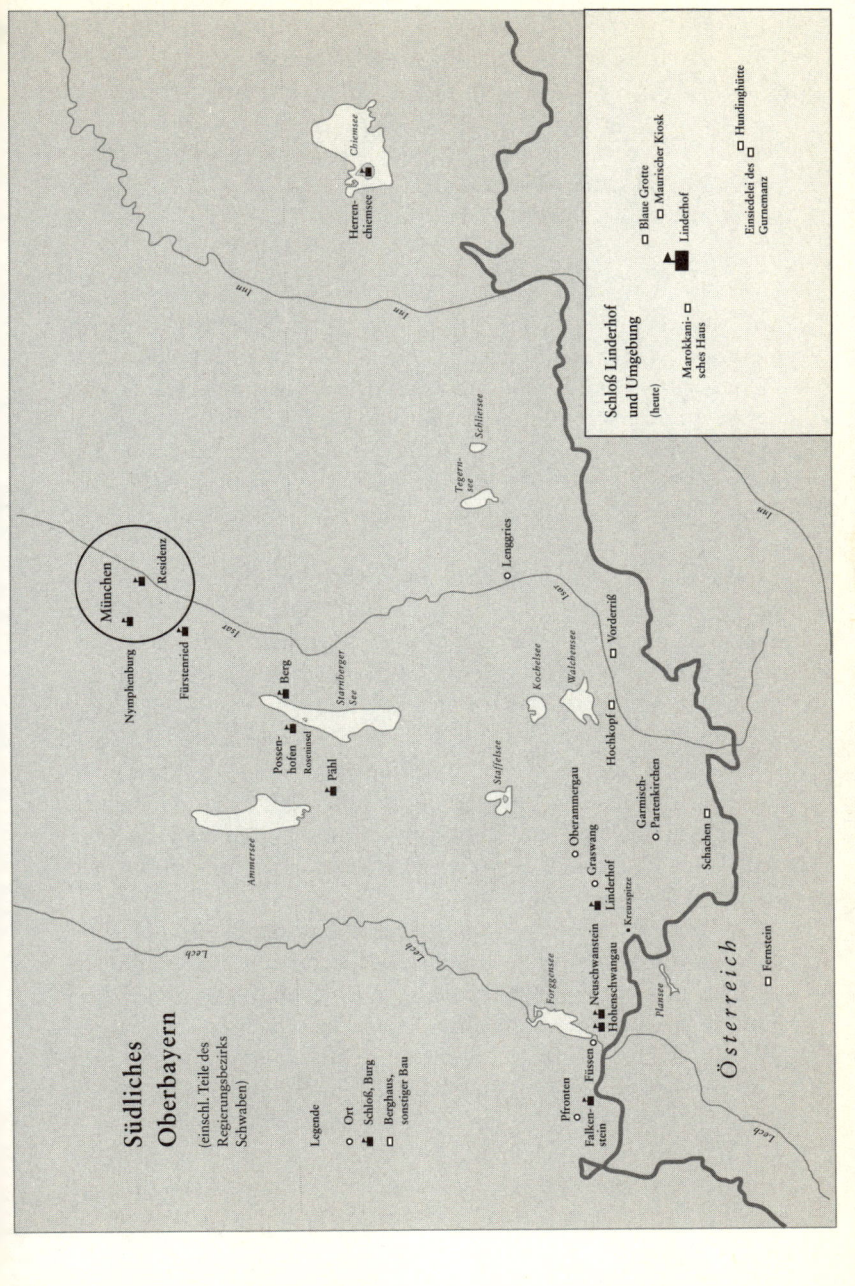

Südliches Oberbayern

(einschl. Teile des
Regierungsbezirks
Schwaben)

Legende

○ Ort
■ Schloß, Burg
□ Berghaus, sonstiger Bau

Schloß Linderhof und Umgebung

(heute)

□ Blaue Grotte
□ Maurischer Kiosk
▲ ■ Linderhof
□ Hundinghütte
□ Einsiedelei des Gurnemanz
□ Marokkanisches Haus

Chiemsee
Herrenchiemsee
Inn
Inn
Schliersee
Tegernsee
Lengries
München
Residenz
Isar
Nymphenburg
Fürstenried
Berg
Starnberger See
Possenhofen
Roseninsel
Pähl
Ammersee
Staffelsee
Kochelsee
Walchensee
Hochkopf
Vorderriß
Isar
Oberammergau
Graswang
Linderhof
Garmisch-Partenkirchen
Schachen
Kranzspitze
Neuschwanstein
Hohenschwangau
Forgensee
Lech
Lech
Plansee
Fernstein
Füssen
Pfronten
Falkenstein
Österreich
Lech
Inn

Stationen im Leben Ludwigs II.

während seiner Regierung
von 1864 bis 1886

Die nebenstehende Landkarte beschränkt sich auf das Gebiet Bayerns südlich von München. Denn von den 267 Monaten seiner Regierungszeit verbrachte König Ludwig II. nur fünf Monate außerhalb dieses Gebietes: Es waren dies private Auslandsreisen in die Schweiz und nach Frankreich, die insgesamt 2 Monate ausmachten; für Reisen in die Gebiete seines Königreichs nördlich der Donau wandte er rund 2½ Monate und für Fahrten in das übrige Deutschland (Bad Schwalbach und Eisenach) einen halben Monat auf.

Nach der Verfassung war München nicht nur die Hauptstadt des Königreichs von Bayern, sondern auch die Residenzstadt des Monarchen, in der er seiner Residenzpflicht in einem zeitlich angemessenen Umfang nachkommen mußte. So verbrachte Ludwig II. gezwungenermaßen nahezu ein Drittel seiner Regierungszeit – überwiegend in den Wintermonaten – in der ihm ungeliebten Residenz inmitten von München. Stets ersehnte er den Tag der Abreise. Im Mai jeden Jahres – fast immer am 11. Mai – fuhr er zum nahegelegenen Schloß Berg am Starnberger See, und nimmt man die dortigen Aufenthalte hinzu, lebte er während der Hälfte seiner Regierungszeit im Raum München.

Einer seiner liebsten Aufenthaltsorte war ihm seit seiner Kindheit das von seinem Vater Max II. wiedererbaute Schloß Hohenschwangau – ein Ort, für den er schwärmte und wo er jedes Jahr mindestens drei Monate wohnte. Von hier brach er auch zu den zahlreichen Touren und Ausfahrten in die Gebirgswelt auf: Dem König gehörten etwa 20 Berghäuser und Berghütten im bayerischen Gebirge, von denen er die Hälfte regelmäßig aufsuchte. Fern der Welt, die ihn verkannte, wurde er in diesen einsamen und heimlichen Bergresidenzen immer mehr zum Einsiedler – oft unerreichbar für die Minister und auch für den Kabinetts- und den Hofsekretär, die ihm meist nur bis zu seinen Schlössern in Berg und Hohenschwangau folgen durften.

In einem festen Turnus pendelte er zwischen seinen Schlössern und den Berghäusern. Bis zu seinem Lebensende überließ er nichts dem Zufall. Im Jahreskreis sind feste Kalenderdaten festgelegt, und an solchen Fixpunkten veränderte er seinen Aufenthalt – so wenn er ab 1876 (mit Ausnahme von 1878) stets am 25. August auf dem Schachen bei Garmisch seinen Geburts- und Namenstag feierte.

Inzwischen war auch Schloß Linderhof fertiggestellt – das einzige Schloß, das zu seinen Lebzeiten vollendet wurde und in dem er ab 1875 regelmäßig etwa zwei Monate im Jahr lebte. Schloß Neuschwanstein war seit 1885 einigermaßen bewohnbar – mehr als drei Monate weilte er dort im Jahr 1885, während das Neue Schloß Herrenchiemsee zu dieser Zeit noch eine riesige Baustelle war. Nur einige wenige Tage verbrachte der König im Herbst 1885 im sog. »Kleinen Appartement« des Schlosses. Bald wurden die weiteren Arbeiten am Schloß Herrenchiemsee wegen Geldmangels ganz eingestellt.

Seine Residenzstadt, wo er sich zuletzt am 11. Mai 1885 aufhielt, hat er bis zu seinem Tod am 13. Juni des nächsten Jahres nicht mehr wiedergesehen.

Personenregister

Abd ul Hamid II., türkischer Sultan 114

Adalbert, Prinz von Bayern 147

Adalbert Alfons, Prinz von Bayern 164

Albert, Joseph, Hofphotograph 148, 149

Alexandra, Prinzessin von Bayern (Tochter Ludwigs I.) 8

Alfons XII., König von Spanien 153

Antinous, Freund des röm. Kaisers Hadrian 27

Auber, Daniel François Esprit, franz. Komponist 150

Bismarck-Schönhausen, Otto Fürst von, deutscher Reichskanzler 69, 84 f., 87 f., 90 f., 95 ff., 103, 113, 116 ff., 132, 162

Bleichröder, Gerson, Bankier 83 f., 88, 90 f.

Böhm, Zahnarzt Ludwigs II. 121, 123

Brochier, Franz, Architekt, Kunsthandwerker 157

Brüller, Jakob, Vorreiter 122, 162

Bülow, Cosima von 26

Bürkel, Ludwig von, Hofsekretär 73 ff., 79 f., 83, 90, 156, 164

Caligula, römischer Kaiser 67

Colbert, Jean-Baptiste, Finanzminister Ludwigs XIV. 99

Cramer-Klett, Theodor Freiherr von, Inhaber der Maschinenbau A. G. (später MAN) 114, 154

Dollmann, Georg von, Hofbaudirektor 73, 76, 79 f., 93, 151, 160

Dürckheim-Montmartin, Alfred Graf Eckbrecht von, Flügeladjutant 111, 163

Elisabeth, Kaiserin von Österreich (geb. Herzogin in Bayern) 15, 28

Erlanger, Emil, Bankier 83, 155

Eugénie, franz. Kaiserin 24

Faber, Lothar Freiherr von, Inhaber der Bleistiftfabrik A. W. Faber 80, 114, 154

Feilitzsch, Max Freiherr von, bayer. Innenminister 109 f.

Fenzl, Franz, Hofballettmeister 48

Franckenstein, Georg Arbogast Freiherr von und zu, bayer. Politiker 84

Franz Joseph, Kaiser von Österreich 20

Friedrich Wilhelm, Kronprinz von Preußen (später Friedrich I., deutscher Kaiser) 32, 67

Fuchs, Anton, Sänger, Regisseur 150

Glaser, Dr., Arzt 24

Götz 57, 59

Gounod, Charles François, franz. Komponist 21

Grashey, Dr. Hubert, Professor der Psychiatrie 162

Grein, Edir (Pseudonym für Erwin Riedinger) 145

Gresser, Franz von, bayer. Kultusminister 118

Gresser, Hermann, Hofsekretär 109, 118 f., 162
Gudden, Dr. Bernhard von, Obermedizinalrat, Professor der Psychiatrie 112, 123, 131, 162

Hadrian, römischer Kaiser 27
Hanfstaengl, Edgar, Photograph in München 20 ff., 27, 143
Hanfstaengl, Franz, Photograph in München 20
Harrach, Ferdinand, Gold- und Silberschmied 157
Häußer, Hofschauspieler 48
Häusler, Hoflakai, Chevauleger 10, 121
Heinleth, Adolph Ritter von, bayer. Kriegsminister 126
Herford, Marquess of 154
Hesselschwerdt, Karl, Marstallfourier 7 f., 26, 37, 46 ff., 53 ff., 57, 59, 61, 65 f., 70, 73, 76, 78, 80, 83, 85 f., 89, 92 f., 97 ff., 102, 105, 110 ff., 118 f., 123 ff. 129, 132, 147, 152, 157, 160 f., 163
Hesselschwerdt, Ludwig (Sohn von Karl Hesselschwerdt) 146
Hirneis, Theodor, Hofkoch 56
Hirsch, Moritz von, Bankier 83
Hirschberg, Anton Freiherr von, Staatsanwalt 41 f.
Hochleitner, Hoflakai 10, 49, 52
Hofmann, Julius, Hofbauarchitekt 82, 106, 112, 160
Hohenlohe-Schillingsfürst, Chlodwig Fürst zu, bayer. Staatsminister (später Reichskanzler) 37, 67
Holnstein, Maximilian Graf von, Oberststallmeister 86, 89, 92, 158
Hoppe, Hoffriseur 57, 103, 126, 130
Hornig, Richard, Stallmeister 27, 28, 31, 34 ff., 37, 42, 47, 56, 129, 144 f., 158, 164

Hornsteiner, Hoflakai 10, 65 f.
Huber, Hoflakai, Chevauleger 10
Hugh Lupus Grosvenor, Herzog von Westminster 111

Jörres, Dora, Kunststickerin 86, 152
Jörres, Mathilde, Kunststickerin 86, 152

Kainz, Josef, Schauspieler 41 f., 46
Karl Theodor, Kurfürst von der Pfalz und Bayern 159
Kleeberg, H., Versicherungsdirektor 111 ff.
Klenze, Leo von, Architekt 151
Klett, Johann Friedrich, Fabrikant 154
Klug, Ludwig von, (provisorischer) Hofsekretär 107 f., 112, 129
Krähl, Quartiermeister 34
Krafft-Ebing, Dr. Richard Freiherr von, Professor der Psychiatrie 24
Kramer, Josef von 157
Kreuzer, Elise, Sängerin 147
Krumper, Friedrich, Hoflakai 10, 49, 148

Ladenburg, Carl 114, 161
Leonrod, Sibylle Freifrau von (geb. Meilhaus) 33
Lille, Baron 86
Löher, Franz von, Direktor des bayerischen Reichsarchivs 107
Louis Philippe, König von Frankreich (der »Bürgerkönig«) 24
Ludovika (genannt Luise), Herzogin in Bayern (Gemahlin von Herzog Max in Bayern) 23
Ludwig I., König von Bayern (Großvater Ludwigs II.) 13, 36, 90, 110, 116, 160
Ludwig XIV., König von Frankreich 37, 78, 99, 102, 130, 145, 152

Ludwig XV., König von Frankreich
37, 152 f., 157
Ludwig XVI., König von Frankreich
36
Ludwig Ferdinand, Prinz von
Bayern (Cousin Ludwigs II.)
132 f., 161, 164
Ludwig Viktor, Erzherzog von
Österreich (Bruder Kaiser Franz
Josephs) 19 f.
Luitpold, Prinz von Bayern (seit
1886 Prinzregent) 129
Lutz, Dr. Johann Freiherr von,
bayer. Staatsminister,
Vorsitzender des Ministerrats
84, 145

Malsen, Ludwig Freiherr von,
Oberstkämmerer,
Obersthofmarschall 86
Maria de la Paz 153
Marie Alexandrowna, Zarin von
Rußland 14, 28
Marie Antoinette, Königin von
Frankreich (Gemahlin Ludwigs
XVI.) 39
Max, Herzog in Bayern (Vater der
Kaiserin Elisabeth von
Österreich) 15, 23, 144
Max Emanuel, Kurfürst von Bayern
159
Maximilian, Erzherzog von
Österreich (ab 1864 Kaiser von
Mexiko) 160
Maximilian (Max) II., König von
Bayern (Vater Ludwigs II.) 13,
89, 156
Mayr, Lorenz, Kammerdiener, ab
1881 Leiter des königl.
Kammerdienstes 99 f., 125, 127,
157, 161 f., 163 f.
Miguel, Prinz von Braganza, Prinz
von Portugal 23
Montez, Lola, Tänzerin 90

Müller, Hoffriseur 99
Müller, Dr. Ludwig von,
Kabinettssekretär 164
Muzaffer ed Dîn Mirza, Schah von
Persien 115

Nagler, Heizer 10, 49
Napoleon III., Kaiser der Franzosen
24
Neggel, Zahnarzt Ludwigs II. 46
Neumayr, Staatsrat 131
Niebler, Hoflakai 10, 49

Orléans, Ferdinand Prinz von,
Herzog von Alençon (Neffe von
Louis Philippe) 24
Oskar II., König von Schweden und
Norwegen 153
Osterauer, Thomas, Hoflakai,
Chevauleger 10, 122
Otto, Prinz von Bayern (Bruder
Ludwigs II.) 8, 33, 89, 91

Pfister, Philipp, Hofsekretär 80,
83 ff., 97 ff., 104, 118, 155 f.
Pfordten, Ludwig Freiherr von der,
bayer. Staatsminister 13 f.

Rantzau, Graf Kuno von,
(Schwiegersohn von Otto von
Bismarck) 87 f.
Reitmayer, Otto, Photograph in
München 53, 148
Richter, Hofschauspieler 48
Riedel, Dr. Emil von, bayer.
Finanzminister 95
Riedinger, Erwin (Stiefsohn von
Dr. Johann Freiherr von Lutz)
145
Rothschild, Alphonse, Bankier in
Paris 82 f.
Rottenburg, Franz Johannes von,
Vortragender Rat der
Reichskanzlei 84

Rutz, Karolina (verheiratet mit Wilhelm Rutz) 162
Rutz, Wilhelm, Hoflakai, Chevauleger (später Bürgermeister von Oberammergau) 120 f., 151, 162

Schaumburg-Lippe, Adolf Georg Fürst von 114, 161
Schaumburg-Lippe, Charlotte, Prinzessin von (später Königin von Württemberg) 161
Schmalholz 44, 52, 57 ff.
Schneider, Alexander, Kabinettssekretär 127, 164
Schultze, Max, Oberbaurat von Thurn und Taxis 104
Schweizer, Carl, Uhrmacher 153
Schwoiser, Eduard, Maler 102, 158
Sophie Charlotte, Herzogin in Bayern (Gemahlin von Ferdinand Prinz von Orléans) 13, 14 ff., 143
Steinmetz, Hoftapezierer 86
Sternbach, Baronin von (Hofdame von Sophie Charlotte, Herzogin in Bayern) 18

Thelemann, Friedrich von, Kabinettssekretär (später bayer. Staatsminister) 164
Thurn und Taxis, Maximilian (7.) Fürst von 79, 114, 154
Thurn und Taxis, Maximilian Carl (6.) Fürst von 147
Thurn und Taxis, Paul Prinz von 42, 147
Toerring-Jettenbach, Clemens Graf von, Reichsrat 70, 151

Varicourt, Lambert Freiherr von, Flügeladjutant 39, 42
Vogl, Heinrich, Sänger 150
Vogl, Therese, Sängerin 150

Völk, Friedrich, Reitknecht 42

Wagner, Richard, Komponist 14 ff., 21, 26, 29, 69, 75, 105, 146, 149 f., 153
Weber, Alfons, Kammerdiener, Chevauleger, Schriftsetzer 10, 68, 130 f.
Welker, Adalbert, Kammerdiener 10, 48 f., 111, 113, 129, 164
Werthern-Beichlingen, Georg Freiherr (später Graf) von, preuß. Gesandter in Bayern 85, 89, 156
Widnmann, Franz, Kunsthandwerker 157
Wilhelm I., deutscher Kaiser 96, 132
Wilhelm, Kronprinz von Württemberg (später König Wilhelm II. von Württemberg) 114, 161
Winther, Hoflakai 10, 49, 52
Winzperger, Balduin, Postillon 10, 49, 52 f., 65, 149
Wollenweber d. J., Eduard, Gold- und Silberschmied 154

Zanders, Friedrich, Küchenchef, Stabskontrolleur 34 f., 146
Ziegler, Friedrich von, Kabinettssekretär 38, 67, 82, 118, 127 f., 146, 163 f.

Nicht die Dinge sind es, die uns beunruhigen, sondern die Menschen, die sie befehlen

Hans Christoph Buch
Wie Karl May Adolf Hitler traf
und andere wahre Geschichten
210 Seiten · geb. mit SU
€ 19,90 (D) · sFr 36,–
ISBN 3-8218-0728-8

Der mittellos in einem Männerwohnheim hausende Kunstmaler Adolf Hitler sucht den der Hochstapelei bezichtigten Schriftsteller Karl May heim; eine hochkorrekte deutsche Sozialistin aus der DDR verliebt sich in den flamboyanten Freiheitskämpfer Che Guevara; der russische Schriftsteller Michael Bulgakov geht ans Telephon und am anderen Ende der Leitung meldet sich Joseph Stalin. Ein Witz irgendeines Freundes, denkt Bulgakov – bis er merkt, daß der Anrufer tatsächlich Stalin ist.

Eine meisterhafte Mischung aus Fakten und Fiktion, ein groteskes literarisches Puzzle und die Neuerfindung der politischen Novelle.

Eichborn.
Kaiserstraße 66
60329 Frankfurt
Telefon: 069/25 60 03-0
Fax: 069/25 60 03-30
www.eichborn.de
Wir schicken Ihnen gern ein Verlagsverzeichnis.